HEYNE BÜCHER

G. Pighin / A. Schmidt-Forth

KURSBUCH ELTERN:

Die geheime Sprache unserer Kinder – was sie ohne Worte sagen

Kindliche Ausdrucksformen erkennen und richtig deuten
Ein Leitfaden für Eltern

Originalausgabe

WILHELM HEYNE VERLAG
MÜNCHEN

HEYNE RATGEBER
08/9495

Printed in Germany 1994
Umschlaggestaltung: Atelier Adolf Bachmann, Reischach
Umschlagfoto: Rommel/ZEFA/Masterfile, Düsseldorf
Satz: Kort Satz GmbH, München
Druck und Bindung: Ebner Ulm

ISBN 3-453-07715-6

Inhalt

Vorwort

Ein Kind zu bekommen und zu sehen, wie es gedeiht, sich zu einem eigenständigen und ebenbürtigen Wesen entwickelt, ist aufregend und macht Spaß. Aber manchmal kann es auch ganz schön schwierig sein.

Anfangs hauptsächlich, weil das Kleine noch nicht sprechen kann. Schreit es, fragen sich die meisten Eltern, der Verzweiflung nahe, was es bloß wieder hat. Sie sind zu entnervt, gereizt oder übermüdet, um seine kleinen, feinen Signale zu verstehen. Kein Wunder auch: Schließlich sind Kinder keine kleinen Erwachsenen. Ihre Körpersprache ist bei weitem nicht so ausgeprägt wie die unsrige. Aber, und das übersehen wir in der Regel, es verfügt bereits über eine Grundausstattung an mimischen und gestischen Ausdrucksmöglichkeiten. Die Natur hat sie dem Baby als Überlebens-Set in die Wiege gelegt.

Auch uns Erwachsene, ob Eltern oder nicht, hat die Natur gerüstet, zu verstehen, wie das Kleine sich gerade fühlt. Nur vertrauen wir viel zu wenig unseren Fähigkeiten, intuitiv auf seine Bedürfnisse einzugehen. Entwickeln wir aber ein Gefühl für Babys nichtverbale Botschaften, erleichtert uns das den Dialog mit ihm. Das fördert nicht nur die Beziehung zu unserem Kind, sondern auch unsere eigenen Möglichkeiten, das Kind zu motivieren und an das Leben heranzuführen.

Doch auch später, wenn das Kind bereits reden kann, sind Mißverständnisse nicht ausgeschlossen. Denn Worte allein sagen längst nicht alles. Erst der Körper teilt dem anderen mit, welche Gefühle wir damit verbinden. Manchmal verrät er aber auch, daß das Gesprochene nicht die Wahrheit ist, sondern daß hinter dem Gesagten eine andere Botschaft steckt. Hinter dem Trotz eines größeren Kindes beispielsweise der stumme Schrei nach Hilfe und Zuwendung.

Daß Eltern und andere Erwachsene nicht immer in der Lage sind, solche Hilferufe zu empfangen und adäquat zu reagieren, kann vielerlei Gründe haben. Oft ist schlicht ihre Aufnahmebereitschaft blockiert, weil sie (von der Arbeit) müde sind, sich mit etwas anderem, »Wichtigerem« beschäftigen, zum Beispiel mit Freunden telefonieren. Häufen sich derlei Mißverständnisse, kann es zu Erziehungsproblemen, dauerhaften Kommunikationsstörungen und Disharmonien zwischen Eltern und Kind kommen.

Mit unserem Buch möchten wir helfen, dies zu verhindern und die Verständigung zwischen Kind und Eltern einfacher und unkomplizierter zu gestalten. Durch Erklärungen, die den einzelnen Alters- und Entwicklungsstufen angepaßt sind, und mit handfesten Verhaltenstips. Daß sie dem Alltag standhalten und nicht nur graue Theorie vom grünen Tisch sind, dafür möchten wir uns verbürgen. Denn wir sind nicht nur Fachjournalistinnen für Erziehungsfragen und Psychologie, sondern wir sind selbst Mütter.

Eine Erfahrung haben wir übrigens bereits selbst beim Schreiben dieses Buches gemacht: Nicht nur die Kinder profitieren davon, wenn wir Erwachsenen etwas über ihre Körpersprache lernen. Auch wir lernen etwas über uns selbst und die anderen Erwachsenen in unserer Umwelt!

München, August 1994

Gerda Pighin
Andrea Schmidt-Forth

Körpersprache – was ist das?

Nonverbale Kommunikation

Wir sprechen mit dem Mund, daran besteht kein Zweifel. Und wenn wir jemandem etwas mitteilen wollen, sagen wir es ihm – mit Worten, mit unserer Stimme. Doch wenn wir sprechen, bewegen wir nicht nur die Lippen. Ob wir es wollen oder nicht, der übrige Körper ist ebenfalls beteiligt. Mehr oder weniger, je nach Art der Unterhaltung und nach der Stimmung, in der wir uns befinden.

Wir »sprechen« mit dem ganzen Körper, das heißt, unser Körper drückt immer etwas aus, sendet unentwegt Signale und Botschaften. Sogar dann, wenn wir mit dem Mund nichts sagen. Nonverbale Kommunikation ist das Fachwort dafür und heißt nichts anderes als »Verständigung ohne Worte«.

Verliebte wissen es, Mütter mit kleinen Kindern wissen es, sehr gute Freunde wissen es: Ein Blick genügt, und der andere weiß Bescheid.

Körpersprache ist eine sehr ehrliche, offene und eindeutige Sprache – wenn man sie richtig versteht. Denn kaum jemand ist in der Lage, sich so zu kontrollieren, daß seine Körpersprache ihn nicht verrät. Tut er es doch, wirkt er nicht mehr lebendig, sondern wie ein Roboter. Für die meisten Menschen ist es äußerst unangenehm, sich mit solchen Leuten zu unterhalten. Letztlich drückt der Körper dieser Roboter-Menschen aus: Ich will nichts von meinem Inneren preisgeben, nichts von meinem Wesen zeigen. Und das spürt (oder sieht) das Gegenüber.

Obwohl gesprochene Sprache in unserer Kultur als das wichtigste Kommunikationsmittel gilt, sind viele Fachleute der Meinung, daß ein sehr großer Teil der Verständigung, des Umgangs miteinander über Körpersprache abläuft. Bei etwas Nachdenken leuchtet das sofort ein: Wie verhalten wir uns denn im Ausland, wenn wir die Landessprache nicht beherrschen? Wir »sprechen mit Händen und Füßen«. Und meist können wir uns mit dieser Gestik sehr gut verständigen, bekommen alles, was wir brauchen. Und was machen Eltern und ihre noch nicht sprechenden Babys? Sie verstehen sich trefflich mit Körpersprache!

Wie sehr wir den ganzen Körper in unser Kommunkationssystem einbeziehen, zeigt sich auch in unserer Alltagssprache. Immer wenn etwas sehr bildhaft erklärt werden soll, benutzen wir körpersprachliche Begriffe: Er frißt ihr aus der Hand; ich kann dir nicht folgen; er sieht ziemlich bedrückt aus; ich bekomme die Mathematik-Aufgabe nicht in den Griff; ihr Blick ist bohrend; meine Freundin hat sich von mir abgewendet... Und jeder weiß sofort, was damit gemeint ist.

Körpersprache muß nicht gelernt werden, man beherrscht sie. Und viele »Ausdrücke« sind international (zum Beispiel lächeln) – wenngleich es auch einige kulturell bedingte Interpretationen körperlicher Aussagen gibt, was leicht zu Mißverständnissen führen kann, wenn man sich in einem fremden Land befindet. Beispielsweise bedeutet Kopfnicken in manchen Gegenden keine Zustimmung, sondern Ablehnung.

Wenn Körpersprache also nicht erlernt werden muß, so kann man zumindest lernen, sie zu verstehen. Was aber beinahe noch wichtiger ist, insbesondere im Umgang mit Kindern: zu lernen, die mit dem

Mund gesprochenen Botschaften den körpersprachlichen anzupassen. Das heißt im Klartext, ehrlich zu sein.

Weil ein großer Teil unserer körperlichen Signale unbewußt und automatisch abläuft, fällt es dem Gegenüber nämlich auf (auch wenn er es nicht klar erkennt), wenn wir etwas anderes sagen als wir meinen. Der andere bekommt verwirrende Botschaften.

Wenn eine Mutter beispielsweise ihrem dreijährigen Kind sagt, »natürlich kannst du deinen Mantel selbst zuknöpfen«, während sie eben diesen Kindermantel zuknöpft, bekommt das Kind zwei sich widersprechende Botschaften. Mit ihrer Körpersprache (in diesem Fall: ihrer Handlung) sagt sie dem Kind nämlich genau das Gegenteil wie mit dem Mund: »Ich traue dir nicht zu, den Mantel allein zuzuknöpfen.«

Was aber ist nun die »Grammatik« der Körpersprache? Sie drückt sich in verschiedenen Körperregionen aus. Bei der Deutung kommt es aber jedoch darauf an, das ganze Bild, den ganzen Menschen zu sehen. Ein einziges Detail, beispielsweise die Stimme, läßt kaum sichere Rückschlüsse zu.

Der Blick

Wir sind Augenmenschen. Die meisten Informationen über unsere Umwelt nehmen wir mit den Augen wahr. Unsere Augen sind unser »Fenster zur Welt«. Sie sind aber gleichzeitig für unser Gegenüber auch der »Spiegel der Seele«. Wir sprechen von einem stechenden, schmelzenden, sanften, drohenden, offenen, klaren, verhangenen, hungrigen, gierigen, liebevollen, verschwommenen, verkniffenen, zornigen Blick und meinen damit Eigenschaften oder Gefühle des anderen.

Tatsächlich sagt uns der Blick eines Menschen, sagen uns seine Augen sehr viel über seinen aktuellen Gemütszustand und im Fall eines Blickkontakts oder Blickwechsels eben auch über seine Beziehung zu uns.

Die Bedeutung der verschiedenen Augen-Blicke kann allerdings recht unterschiedlich sein. Wirklich verstehen wird man sie erst, wenn man gleichzeitig auf andere körpersprachliche Signale, eben auf den ganzen Menschen, achtet.

Weit geöffnete Augen können Aufmerksamkeit signalisieren oder eine Aufforderung enthalten: Du bist gemeint, sprich mit mir (oder beim Baby: nimm mich hoch). Sie können große Freude, Überraschung, Staunen, Verwunderung oder Verwirrung bedeuten. Aber auch Schreck, Angst, eine Drohung (gleich tu' ich dir was) oder Erwartung (etwa die Antwort auf eine unangenehme Frage) enthalten.

Halb geschlossene Augen können heißen: Ich höre dir angestrengt zu, verstehe dich aber nicht; ich glaube dir nicht, was du sagst (Zweifel); na, ob du mir das Wasser wohl reichen kannst? (Abschätzung); ich hör' dir zu, aber es interessiert mich nicht besonders, was du sagst (Langeweile).

Zusammengekniffene Augen drücken meist Ablehung, Zweifel, Ärger, Zorn oder das Bemühen aus, von sich selbst nicht zuviel preiszugeben. Ich lasse mein Gegenüber nicht in mich hineinsehen, zeige meine Gefühle und Empfindungen nicht, verberge etwas.

Dann gibt es da noch den nach innen gerichteten Blick. Man hat die Augen zwar offen, sieht aber anscheinend nichts von seiner Umgebung. Das kann ein Zeichen tiefen Nachdenkens, großer Konzentration sein (bei Musikern im Spiel manchmal zu beobachten) oder von geistiger Abwesenheit. Unter Paaren kommt dann meist vom anderen die Frage: »Woran denkst du grade?«

In Gesprächssituationen sagt das Blickverhalten viel über die Beziehung aus: Der Sprecher sieht den Zuhörer nur ab und zu an, um zu kontrollieren, ob er noch seine Aufmerksamkeit hat. Ansonsten läßt er seinen Blick schweifen, senkt ihn, schaut am Gegenüber vorbei. Erst, wenn er seine Rede beendet hat, nimmt er wieder dauerhaften Blickkontakt zum anderen auf. Mit dem Wegschauen signalisiert er dem anderen, daß er nicht unterbrochen werden, sondern seinen Gedanken zu Ende führen will. Schaut er ihm wieder in die Augen, heißt das, ich bin fertig, jetzt kannst auch du etwas sagen.

Der Zuhörer hingegen sieht den Sprecher die ganze Zeit an und zeigt ihm damit sein Interesse. Würde er ebenfalls wegschauen, hieße es, ich höre dir nicht mehr zu, es interessiert mich nicht. Was wiederum den Sprecher veranlassen könnte (er hat es durch kleine Kontrollblicke ja gemerkt), in seiner Rede innezuhalten, erneut Interesse zu wecken, meist mit einem sehr eindringlich-offenen Blick, mit weit geöffneten Augen.

In größeren Gesprächsrunden läßt sich am Blickverhalten sogar eine gewisse Rangordnung ablesen: Der Wichtigste in der Runde wird am häufigsten angeblickt. Bei Kindern ist das der Anführer, im Beruf meist der Chef oder ein besonders kompetenter Kollege (oder die »graue Eminenz«, falls der direkte Vorgesetzte nicht ganz ernst genommen wird), in der Familie der Vater oder die Mutter.

Der jeweilige Sprecher wird nicht nur sein Gegenüber anschauen, sondern immer wieder deutliche Blicke auf den Ranghöchsten oder von ihm als Wichtigsten empfundenen Menschen werfen. Um sich dessen Zustimmung zu versichern, sein Interesse auf sich zu lenken, ihm zu signalisieren, »eigentlich erzähle ich dir das«.

Eine besonders große Bedeutung hat der Blickkontakt am Anfang des Lebens. Gleich nach der Geburt, auch wenn sie noch so anstrengend und langwierig war, sind Mutter und Neugeborenes etwa für ein bis zwei Stunden hellwach. Das ist von der Natur so eingerichtet (und kann nur durch Betäubungsmittel während der Entbindung verhindert werden). In dieser Zeit schauen sich die beiden an. Mit diesem ersten, offenen und intensiven Blick prägt sich das Baby das Gesicht der Mutter ein. Und die Mutter nimmt ihr Baby intensiv wahr. Mit diesem langen Blick wird das erste feste Band zwischen Mutter und Kind außerhalb des Mutterleibs geflochten (Fachleute nennen es »bonding«), wird der Grundstein für eine innige Beziehung und großes gegenseitiges Vertrauen gelegt. Erst nach intensiver gegenseitiger Betrachtung werden Mutter und Kind müde und schlafen die Strapazen der Geburt weg.

Ist Mutter und Kind diese erste Bonding-Phase nicht möglich, etwa nach einem Kaiserschnitt oder weil das Kind gleich ärztlich versorgt oder in eine andere Klinik verlegt werden muß (häufig bei Frühgeburten), ist das noch keine Katastrophe. Der Mensch hat die einzigartige Möglichkeit (im Gegensatz zu Tieren), solche Versäumnisse nachzuholen. Doch später ist es nicht mehr ganz so einfach und selbstverständlich, die für die Entwicklung des Kindes notwendige Bindung herzustellen.

Die Mimik

Dazu gehört alles, was im Gesicht eines Menschen zu beobachten ist (natürlich auch die Augen und der Blick), einschließlich der Zeichen, die erscheinen, ohne daß der Betroffene etwas dagegen tun kann, wie erröten oder blaß werden. Hochgezogene Augenbrauen (meist Erstaunen), Querfalten auf der Stirn (meist Aufmerksamkeit), steile Längsfalten (kritische Stimmung), vorgeschobenes Kinn (meist Trotz), zusammengekniffene Lippen (»ich will nichts sagen«), niedergeschlagene Augen (»schau mich nicht an«) zeigen, was mit uns los ist. Die Mimik ist immer ein Gesamtgeschehen. Wir können (normalerweise) keinen Gesichtsmuskel verändern, ohne daß sich auch die übrigen mitverändern.

In der Mimik eines Menschen zeigt sich sein Gefühlsleben am deutlichsten. Zwischen Mimik und Gefühlen besteht auch eine Wechselwirkung, die jeder leicht an sich selbst beobachten kann: Eben noch wütend mit jemandem gestritten, fällt uns nichts schwerer, als freundlich zu lächeln. Zwingen wir uns aber dazu, verziehen wir den Mund mit den Mundwinkeln nach oben, so wird (nach einer anfänglichen Grimasse) nicht nur unser Gesicht freundlicher, sondern wir fühlen uns auch besser (ausprobieren!).

Mit unserer Mimik, also mit dem, was sich in unserem Gesicht abspielt, senden wir die deutlichsten und die meisten nonverbalen Botschaften an unsere Mitmenschen. Die Mimik zu kontrollieren verlangt sehr viel Übung (gute Schauspieler oder Pantominen können es nach jahrelangem Training). Dem Normalmenschen gelingt es kaum, sich zu verstellen. Freilich versuchen wir das ständig. Wir wollen nicht zeigen, daß wir zornig oder traurig sind, wollen ein »Pokerface« aufsetzen, wenn wir kritisiert werden, wollen in schwierigen Verhandlungen freundlich und aufmunternd dreinblicken, obwohl wir uns unsicher und ängstlich fühlen.

Doch was passiert? Wir wirken unecht. Das Lächeln auf unseren Lippen erscheint steif und falsch. Unser Blick drückt Angst aus, auch wenn wir noch so forsch sprechen. Der andere, der Empfänger unserer Signale, ist bestenfalls verwirrt, schlimmstenfalls abgestoßen, meist unangenehm berührt.

Unsere Mimik gibt dem, was wir sagen, oft erst die richtige Bedeutung – manchmal die genau gegenteilige der Worte.

Für Kinder ist es besonders wichtig, daß die Mimik ihrer Eltern mit dem gesprochenen Wort übereinstimmt. Sie brauchen eindeutige Botschaften, klare Signale, um sich gesund entwickeln zu können. Ein Kind ist nicht in der Lage, Doppelbotschaften bewußt zu erkennen und damit umzugehen. Es orientiert sich mit feinen Antennen in hohem Maß am Verhalten von Mutter und Vater. Widersprüchliche Gesten und Worte können es zutiefst verunsichern.

Kopfbewegungen und -haltungen

Er läßt den Kopf hängen, er trägt den Kopf hoch oben, sie hat ihm den Kopf verdreht – diese Redensarten drücken sehr deutlich aus, was wir mit Kopfhaltungen über unser Innenleben verraten. Natürlich heißt es auch hier wieder, den ganzen Menschen zu betrachten. So kann ein zwischen die Schultern eingezogener Kopf eine insgesamt verschlossene Haltung signalisieren, wenn beispielsweise auch noch die Arme vor der Brust verschränkt werden. Er kann aber auch auf eine ängstliche Erwartung hindeuten, zum Beispiel bei einem Kind, das etwas angestellt hat und sich nun vor dem Donnerwetter der Eltern fürchtet (dann wird es in dieser Haltung seinen Blick vorsichtig von unten nach oben richten). Oder es heißt Abwehr; meist sind dabei die Arme angewinkelt, aber die Hände nach vorne ausgestreckt: »Tu mir nichts.«

Wer den Kopf seitlich nach hinten neigt (und dabei seinen Hals entblößt), möchte vielleicht sagen, »schau, ich vertraue dir, ich bin ganz offen für dich« (das ist bei Verliebten häufig zu beobachten). Oder, wenn der Kopf dabei vom anderen abgewendet ist, diesen aber ein Blick aus den Augenwinkeln trifft: »Ich bin nicht ganz sicher, ich möchte mit dir Kontakt, traue mich aber nicht so recht.«

Der seitwärts geneigte Kopf kann auch ein Zeichen besonderer Aufmerksamkeit sein (man spitzt dabei sein Ohr), aber auch für Skepsis: »Kann ich dir wirklich trauen, stimmt das, was du da erzählst?«

Die richtige Interpretation hängt immer von der Situation ab und davon, in welchem Verhältnis die beiden Menschen zueinander stehen.

Leute, die sich gut kennen, können sich mit minimalen Kopfbewegungen (verbunden mit entsprechenden Blicken) ohne Worte verständigen: leichtes Nicken für Zustimmung, leichtes Schütteln für Ablehnung, Wiegen für »na ja, ich weiß nicht«, eine kurze seitliche Bewegung für »komm, laß uns gehen«.

Die Gestik

Unter Gestik wird vor allem die »Sprache der Hände« verstanden. Sie ist beinahe ebenso verräterisch wie die Mimik. Selbst wenn jemand geübt hat, seine Arme und Hände »im Griff« zu behalten, können aufmerksame Beobachter an kleinsten Bewegungen die wahren Gefühle ablesen. Etwa an der Faust, die ein erregter Mensch unwillkürlich macht. Oder daran, daß er, zwar scheinbar ruhig, seinen Zigarettenfilter mit Vehemenz plattdrückt oder ein Glas so fest mit der Hand umschließt, daß die Knöchel an den Fingern weiß werden.

Kinder, denen in den ersten Lebensjahren ja die gesprochene Sprache fehlt, sind besonders große Meister darin, ihre Wünsche und Bedürfnisse durch Gesten zu äußern. Und aufmerksame Eltern verstehen nach kurzer Zeit sofort, was ihr Kind »sagen« will.

Gesten können unsere Worte unterstreichen, verstärken. Etwa »ich tu dir nichts« mit ausgestreckten Armen und nach oben gehaltenen offene Handflächen. Sie können sie aber auch abmildern, wenn man beispielsweise jemand mit Worten beschimpft oder bedroht, gleichzeitig mit geöffneten Handflächen aber beschwichtigende Bewegungen nach unten macht, nach dem Motto »so schlimm bin ich nicht wirklich«.

Schließlich können Gesten die Worte auch konterkarieren, kann mit Gesten genau das Gegenteil dessen gezeigt werden, was der Mund spricht. Etwa wenn jemand sagt »ich freue mich ja so, daß ihr gekommen seid«, dabei aber mit ausgestreckten Armen und nach vorn gehaltenen Händen abwehrende Bewegungen macht.

Es ist nicht immer einfach, die Gestik eines Menschen richtig zu interpretieren. Große, raumgreifende Gesten, die langsam und besonnen ausgeführt werden, können einerseits auf Pathos und Übertreibung hindeuten, andererseits aber auch darauf, daß jemand wirklich wichtig ist. Werden die großen Bewegungen hingegen rasch und hektisch ausgeführt, steckt eher ein sehr temperamentvoller, impulsiver Mensch dahinter oder einer, der vor allem auffallen möchte oder mit irgend etwas protzen. Häufig stiftet diese Hast beim Gegenüber nur Verwirrung und Unruhe – was sicher manchmal gewollt ist.

Kleine Gesten deuten mehr auf einen schüchternen, zurückhaltenden Menschen hin. Oder auf einen, der besonders vorsichtig ist, vielleicht sogar berechnend, weil er einen harmlosen Eindruck machen möchte, obwohl er es gar nicht ist.

Viele Menschen halten sich beim Sprechen die Hand vor den Mund. Das kann zwei verschiedene Bedeutungen haben:

1. Sie sind nicht sicher, ob das, was sie sagen, richtig ist, bzw. wollen es gar nicht sagen, sprechen also hinter der schützenden Hand hervor, oder es ist ein Geheimnis, das sonst keiner hören soll.
2. Sie möchten größere Aufmerksamkeit erreichen. Wer schlecht zu hören ist, weil er hinter der Hand, womöglich noch sehr leise, spricht, erzwingt (oder versucht es zumindest) von seinem Gegenüber mehr Zuwendung.

Manchmal ist die Handbewegung zum Mund auch ein Zeichen dafür, daß jemand etwas gar nicht sagen wollte, daß es ihm »nur so herausgerutscht« ist. Er verschließt symbolisch mit der Hand den Mund, »schluckt es herunter« – aber oft eben erst, wenn es schon zu spät ist.

Unsicherheit und Verlegenheit können sich zeigen, wenn sich jemand ständig durchs Haar fährt, an der Nase kratzt (oder darin bohrt), an den Fingernägeln kaut, am Ohrläppchen zieht, am Ärmel zupft oder den Bart krault. Dahinter kann aber zum Teil auch Werbeverhalten stecken, nach dem Motto »schau mich an, ich stehe dir zur Verfügung, würde dich gern berühren«.

Und dann gibt es natürlich noch die vielen Gesten ohne Worte. Zum Beispiel Daumen und Zeigefinger reiben für Geld, der ausgestreckte Mittelfinger als üble Beschimpfung, der nach oben oder unten gereckte Daumen für gut oder schlecht. Die Bedeutung dieser Gestik kann regional sehr unterschiedlich sein. Da heißt es aufpassen, um Mißverständnisse zu vermeiden.

Die Körperhaltung

Aufrecht oder gebeugt, steif oder locker – die Haltung des ganzen Körpers sagt einiges über den Gemütszustand des Menschen aus. Zur körpersprachlichen Haltung gehören aber auch Bewegungen, zum Beispiel das Gewicht von einen auf den anderen Fuß verlagern (kann eine Geste der Ungeduld oder von Unsicherheit sein), die Beine übereinanderschlagen, sich hin- oder wegdrehen.

Wie sehr wir mit unserer Haltung unser Befinden ausdrücken, zeigt sich am deutlichsten, wenn wir mit einer vollen Straßen- oder U-Bahn fahren. Die wenigsten Menschen fühlen sich noch wohl, wenn sie zwangsweise sehr nahe bei Fremden stehen oder sitzen müssen. Man zeigt dem anderen »die kalte Schulter« und wendet sich mit dem Oberkörper leicht ab. Oder man macht sich ganz steif, legt die Arme eng an den Körper, um den Abstand (scheinbar) zu vergrößern. Keine Frage, daß die Gesichter in einer solchen Situation sehr »verschlossen« wirken, die Augen gesenkt sind oder ins Leere blicken. Mit unserer ganzen Haltung drücken wir aus »wir wollen mehr Distanz«, »kommt uns nicht zu nahe«.

Ob jemand offen für den anderen ist, zeigt er mit einer offenen Körperhaltung: Der ganze Körper ist dem Gegenüber zugewandt, der Oberkörper ist frei, die Arme liegen seitlich am Körper oder machen eine offene Bewegung nach außen. Im Sitzen zeigt man oft zusätzlich mit den Beinen, wie sehr man zugewandt ist oder ob man doch eine kleine Barriere zwischen sich und den anderen schieben möchte: Man schlägt das Bein in Richtung des Gesprächspartners übers andere, schafft damit sozusagen eine »Grenze nach außen«. In anderer Richtung übereinandergeschlagene Beine können Abgrenzung bedeuten.

Allerdings darf man die Körperhaltung nicht isoliert von anderen Signalen betrachten. Ein »abgewandt« übergeschlagenes Bein kann einfach auch nur heißen, daß es dem Partner in diesem Moment eben so bequemer ist. Ein gebeugter Oberkörper kann auch Rückenschmerzen ausdrücken, es muß nicht unbedingt sein, daß dieser Mensch »von Kummer gebeugt« ist. Sind allerdings die Arme vor dem Oberkörper verschränkt, der Körper nach vorn gebeugt und die Beine in abwehrender Haltung übereinandergeschlagen und kommt noch die entsprechende Mimik und Gestik hinzu, kann man davon ausgehen, daß der andere einem nicht offen gegenübertritt, sondern entweder etwas (sich selbst) verbergen möchte, sehr unsicher ist oder ihm die Begegnung unangenehm ist.

Die Stimme

Man könnte annehmen, die Stimme hätte nichts mit Körpersprache zu tun. Schließlich ist sie nicht zu sehen. Das mag stimmen. Dennoch ist auch und gerade mit unserer Stimme nonverbale Kommunikation möglich. »Der Ton macht die Musik« heißt es so schön im Volksmund, und wie meist steckt viel Wahres darin. Es ist ein großer Unterschied, ob man eine verbale Nachricht in leisem oder lautem Tonfall mitteilt, ob man schnell, langsam, rhythmisch bzw. abgehackt, seufzend oder bestimmt spricht.

Mit dem einfachen Satz »warum hast du dies nicht anders gemacht«, können die unterschiedlichsten Emotionen transportiert werden. Wird er geschrien, stecken Aggression, Vorwürfe oder Kritik darin. Wird er sanft ausgesprochen, kann das ein Hilfsangebot sein. Wird er seufzend-fragend und vielleicht sogar von einem Schulterzucken begleitet ausgesprochen, kann das heißen »ich resigniere, du lernst das ja doch nie«.

Wie sehr Tonfall und Stimme unabhängig vom Inhalt der gesprochenen Worte zur Kommunikation beitragen, zeigt sich bei der sogenannten Ammensprache: Eltern (und meist auch andere Erwachsene und größere Kinder) sprechen mit einem Baby in einem ganz besonderen Tonfall. Sie heben die Stimme an, sprechen leise, wiederholen wichtige Worte oder auch nur Silben. Das geschieht ganz intuitiv. Ohne daß das Baby den Sinn eines Wortes versteht, weiß es doch, daß es geliebt wird, gut aufgehoben und geborgen ist. Dieses Stimmverhalten Babys gegenüber ist übrigens in allen Ländern gleich.

Unabhängig davon, was ein Mensch sagt, kann uns seine Stimme sympathisch oder unsympathisch sein. Sie kann ebenso wie andere körpersprachliche Signale Wohlbehagen, Verwirrung oder Ablehnung hervorrufen. Denn mit dem Tonfall und der Stimme können durchaus Signale gegeben werden, die dem Inhalt der gesprochenen Worte widersprechen. Wir sagen dann: »Die hat eine so süßliche Stimme, daß man ihr nichts glauben mag«, oder »er spricht so forsch und auftrumpfend, ob da wirklich was dahinter steckt?«

Im Tonfall und in der Art zu sprechen können viele unterschiedliche Botschaften enthalten sein. Bestätigung (dann wird die Stimme meist ein wenig gesenkt), Kontaktbereitschaft (die Stimme wird angehoben), Ablehnung (die Stimme klingt »gepreßt«), Dominanzgebaren (die Stimme ist sehr laut), Konflikte (wenn die Stimme zittert oder versagt), Angst oder Zuwendung enthalten sein.

Eltern und Kind: Signale richtig deuten

Der fünfjährige Jan hat beim Tischabräumen einen Teller fallen lassen. Er holt die Mutter aus der Küche, um ihr den Schaden zu zeigen. Diese ist nicht gerade begeistert, es war ein Stück aus dem teuren Hochzeitsservice. Jan steht mit gesenktem Kopf vor ihr und grinst. Das bringt die Mutter richtig auf. Sie schimpft laut und heftig. Jan bricht in Tränen aus und rennt in sein Zimmer.

Ein klassisches Mißverständnis hat es da zwischen Mutter und Sohn gegeben. Natürlich war Jan zutiefst zerknirscht über sein Mißgeschick. Das hat er mit seinem gesenkten Kopf zum Ausdruck gebracht. Das Grinsen, das die Mutter mehr aufbrachte als der Schaden selbst, sollte aber keineswegs heißen, daß er die Scherben lustig findet oder daß er sich über den Schreck der Mutter lustig machen wollte. Es war ein Angstgrinsen, der Versuch, seine Angst zu verbergen, mit einem Lächeln (das war es in Jans Vorstellung) die Mutter schneller zu versöhnen. Doch genau das Gegenteil ist geschehen.

Mißverständnisse führen zu Frust

Man möchte meinen, kindliche Körpersprache sei recht einfach zu deuten. Schließlich sind kleine Kinder spontan, unverfälscht und ehrlich. Sie drücken ihre Gefühle, Bedürfnisse und Wünsche offen und meist mit dem ganzen Körper aus. Selbstkontrolle ist ihnen zumindest in den ersten Lebensjahren völlig fremd. Dennoch gibt es zwischen Eltern und Kind von Anfang an immer wieder Mißverständnisse. Weil es in Wahrheit selbst für die liebevollsten Eltern eben doch nicht so leicht ist, das Kind immer richtig zu verstehen – wie auch an obigem Beispiel zu sehen.

Das liegt einmal daran, daß viele Eltern nicht darin geübt sind, körpersprachliche Signale zu deuten. Zudem fällt ihnen dieser Ausdruck des Kindes häufig nicht auf. Zum anderen sind Mütter und Väter oft selbst so von einer Situation in Anspruch genommen – etwa weil sie sich geärgert haben oder weil sie gerade auf eine andere Person oder eine bestimmte Arbeit konzentriert sind –, daß sie nur das Ergebnis wahrnehmen, zum Beispiel das schreiende Kind oder das kaputte Spielzeug. Die vorausgegangenen Signale wurden nicht wahrgenommen, und die rechtzeitige und richtige Reaktion darauf, die das Malheur verhindern oder die Stimmung retten könnte, hat nicht stattgefunden.

Karin, zwei Jahre alt, geht an der Hand der Mutter durchs Kaufhaus. Die Mutter bleibt an verschiedenen Kleiderständern stehen und schaut nach einer neuen Bluse. Plötzlich reißt sich Karin los und verschwindet. Die Mutter ruft sie zurück, doch Karin ist bockig, will nicht kommen. Schnell ist der schönste Streit zwischen Mutter und Tochter im Gang. Die Tochter kreischt, die Mütter ist wütend und zerrt ihren kleinen Bock unsanft auf die Straße. Mit der neuen Bluse wird es heute wohl nichts.

Was war vorausgegangen? Karin hatte schon dreimal etwas Interessantes gesehen, wollte stehenbleiben, um es sich genauer anzuschauen. Sie hat ein wenig an der Hand der Mutter gezerrt, den Arm ausgestreckt, mit dem Finger gedeutet. Doch ihre Mutter war auf die Blusensuche konzentriert, hat nicht auf Karin reagiert, sondern sie mit sanfter Gewalt weitergezogen. Schließlich wollte Karin nicht mehr und riß sich los.

Hätte ihre Mutter auf die Signale geachtet und einem kleinen Aufenthalt bei den Objekten von Karins Neugier zugestimmt, wäre die Tochter wahrscheinlich in der Blusenabteilung geduldig geblieben.

Tatsache ist, daß Mißverständnisse auf beiden Seiten zu Frustrationen führen. Bei der Mutter, weil sich das Kind in (scheinbar) provozierender Weise verhält. Und beim Kind, weil es sich nicht verstanden, abgelehnt oder ungerecht behandelt fühlt.

Kinder lernen durch Bestätigung

Was Kinder am allermeisten wollen, ist, ihren Eltern zu gefallen. Das stellt sich im Alltag für Mütter und Väter häufig nicht so dar. Sie fühlen sich oft genug von ihrem Nachwuchs genervt oder geärgert. Trotzdem: Der Wunsch des Kindes ist, alles zu tun, damit seine Eltern es mögen, damit sie sich über es freuen. Kinder versuchen von Anfang an, ihre Eltern nachzuahmen, beschäftigen sich am liebsten mit dem, was auch Papa und Mama gerade machen, wollen alles können, was ihre großen Vorbilder können.

Was das Kind auf seinem Entwicklungsweg braucht, ist deshalb vor allem die Bestätigung der Eltern. Es will geführt und unterstützt werden, angeregt und ermuntert. Und vor allem will es gelobt werden, wenn ihm etwas gelungen ist, wenn es eine neue Fähigkeit beherrscht.

Eltern können ihrem Kind diese Bestätigung leicht geben, wenn sie auf seine Signale achten. Unentwegt, bei beinahe allem, was es tut, versichert es sich durch Blicke, Kopfwenden, kurzes Innehalten, ob Mutter oder Vater auch einverstanden sind, ob sie gut finden, was es gerade vorhat oder macht.

Das Einjährige, kaum kann es laufen, schaut erst mal nach der Mutter, bevor es aufs Sofa klettert. Ein kurzes Nicken gibt ihm grünes Licht, seine Tour fortzusetzen. Das Dreijährige kommt wahrscheinlich x-mal am Tag angelaufen, um der Mutter zu zeigen, was es gemalt, gebaut, gebastelt hat oder welches Kleid die Puppe trägt, wie es seine Sammelobjekte sortiert hat. Eine Rückmeldung »das hast du schön gemacht«, oder »du kannst aber hohe Türme bauen«, ermuntert das Kind weiterzumachen, immer noch ein bißchen mehr zu lernen. Nicht anders ist das beim Schulkind. Sitzt es über seinen Hausaufgaben, reicht oft schon die bloße Anwesenheit der Mutter oder des Vaters und ab und zu ein interessierter Blick ins Heft oder eine kleine, positive Bemerkung, um es zur Weiterarbeit anzuregen.

Jedes Kind hat seinen eigenen Rhythmus

Tina ist drei und geht seit zwei Wochen zuverlässig auf den Topf. Die Mutter erzählt es stolz der Nachbarin. Diese ist mit ihrem dreieinhalbjährigen Jan nicht so glücklich. Der Junge sagt zwar mehrmals täglich »Aa« und zeigt dabei auf sein rückwärtiges Windelpaket. Doch wenn sie ihn rasch auf den Topf setzt, ist die Bescherung entweder schon in der Hose oder es kommt einfach nichts in den Topf. Kaum ist er aber wieder angzogen, kann man das Malheur auch schon riechen. Jan steht mit schuldbewußter Miene in der Ecke. Seine Mutter versteht nicht, warum er das macht.

Die Erklärung ist einfach: Jan ist noch nicht soweit, seine Ausscheidungen bewußt zu kontrollieren. Zwar spürt er den Drang und weiß auch, wozu der Topf gut ist. Doch dann gelingt es ihm nicht, im richtigen Moment »loszulassen«.

Egal, ob es ums Sauberwerden, nachts Durchschlafen beim Baby, Sprechen- oder Laufenlernen geht – jedes Kind entwickelt sich in einer anderen Geschwindigkeit. In einem gewissen, sehr großzügigen Zeitrahmen ist beinahe alles normal. So machen beispielsweise manche Kinder mit zehn, elf Monaten ihren ersten selbständigen Schritt, andere fangen damit erst mit 18 oder 20 Monaten an. Ein Kind ist bereits kurz nach seinem zweiten Geburtstag sauber, ein anderes macht mit knapp vier noch in die Windel. Viele Kinder sprechen mit zwölf Monaten ihre ersten Einwortsätze, wie »Papa, Mama, Auto, haben«. Manche beginnen erst lange nach dem ersten Geburtstag halbwegs verständlich zu sprechen. Das alles ist normal.

Eltern können ihrem Kind keinen größeren Gefallen tun, als ihm die Zeit zu lassen, die es für seine Entwicklung braucht. Ohnehin wäre jeder Versuch, diese Vorgänge zu beschleunigen, sinnlos. Ein Kind, das mit acht Monaten schon ständig auf die Beine gestellt wird, damit es mit einem Jahr laufen möge, wird höchstens überfordert und sicher keinen Tag früher als ohne diese »Übung« tatsächlich frei gehen. Möglicherweise sogar später, denn übertriebene Forderungen hemmen Kinder in der Entwicklung.

Das bedeutet aber nicht, daß Eltern ihre Kinder nicht fördern sollten. Aber unterstützend, ermunternd muß dies geschehen, nicht fordernd oder mit Druck.

Wenn die Zweijährige beim Spaziergang den Arm in Richtung Enten auf dem See ausstreckt und aufgeregt ruft »Gaga, da Gaga!« und die Mutter daraufhin erwidert »ja, du hast die Enten gesehen, die dort auf dem See schwimmen«, fördert sie die Sprachentwicklung ihres Kindes viel mehr, als wenn sie täglich mit ihm Sprechübungen machte oder (kritisierend) sagen würde »das heißt nicht Gaga, das heißt Ente«.

Ebenso der Vater, der seinem Siebenjährigen bei den Hausaufgaben über die Schulter blickt, ihn sanft am Arm berührt und sagt: »Ist das Wort wirklich richtig geschrieben?« Er gibt ihm damit die Möglichkeit, den Fehler selbst zu entdecken und zu korrigieren – und motiviert ihn, noch genauer aufzupassen. Oder die Mutter, die ihrem elfmonatigen Sohn, der zu ihr gekrabbelt ist und sich an ihrem Bein hochziehen will, die Hand gibt, damit er leichter hochkommt. Der Kleine erlebt den Erfolg, aufgestanden zu sein, eine eigene Leistung vollbracht zu haben. Das regt ihn an, seine motorischen Fähigkeiten beharrlich weiterzutrainieren.

Wie sich Neugeborene verständlich machen

Von wegen »dumme Monate«!

Früher wurden die ersten drei Monate im Leben eines Babys die »dummen Monate« genannt. Man ging davon aus, es genüge, das Neugeborene regelmäßig alle vier Stunden zu wickeln, zu füttern und dann wieder in sein Bettchen zu legen, da es sowieso noch nichts von seiner Umwelt mitbekomme.

Völlig falsch! Das hat in den letzten Jahren eine Reihe von Studien, vor allem aus den Vereinigten Staaten, ergeben. Die Forscher sprechen heute sogar vom Gegenteil: vom »kompetenten Säugling«, der gleich nach der Geburt in der Lage ist, mit seiner Umwelt in Kontakt zu treten, Kontakte anzuknüpfen, diese aufrechtzuerhalten und zu beenden.

Jede Mutter, deren Geburt so günstig verlief, daß ihr das Baby danach auf den Bauch gelegt werden konnte, hat es selbst beobachten können: Während der ersten Lebenswochen ist das Baby zu keiner anderen Zeit so wach, so aufmerksam und so präsent wie in den Stunden nach der Geburt auf dem Bauch seiner Mutter. Schon ein paar Minuten, nachdem die Hebamme die Nabelschnur zertrennt hat, entspinnt sich ein faszinierendes Wechselspiel zwischen Kind und Eltern (falls der Papa bei der Geburt anwesend ist). Sie treten in einen intensiven

Blick- und Blinzelkontakt, nehmen gegenseitig ihren Körperduft auf, fühlen einander Haut auf Haut. Alle Sinne sind aufs äußerste bereit, den anderen wahrzunehmen.

Dieses Wechselspiel von Blicken, Worten, Gesten und Zärtlichkeiten braucht das Neugeborene von da ab regelmäßig, wie ein Pflänzchen das tägliche Gießen. Nur so kann es sich entwickeln und tagtäglich etwas Neues hinzulernen. Versagen wir ihm hingegen auf Dauer, was es braucht, so sinken seine Entwicklungschancen rapide. Ja, schlimmstenfalls kann es sogar daran zugrunde gehen, wie ein Beispiel aus der Geschichte zeigt: Kaiser Friedrich II., der Staufer, ein für seine Zeit sehr gelehrter Mann, war mehrerer Fremdsprachen mächtig. Bei seinen Studien packte ihn die Neugier, herauszufinden, welches die »Ursprache« der Menschheit sei. Dazu ließ er eine Reihe von Säuglingen bei Ammen in die Pflege geben. Die Frauen bekamen bestimmte Auflagen: Sie durften die Kinder zwar versorgen, füttern, saubermachen, wickeln. Doch jede Art von Zärtlichkeit, der Austausch von Blicken, von Worten, ja sogar jeglicher freundliche Gesichtsausdruck gegenüber den kleinen Schutzbefohlenen war den Frauen untersagt. Wie unmenschlich und herzlos dieses Experiment für die Wissenschaft war, zeigt das Resultat: Alle Babys starben.

Eltern: Könner von Natur

Für die Ammen wird das von ihrem Herrscher diktierte Experiment sicherlich eine Qual gewesen sein. Denn so wie ihnen befohlen war, verhält sich in der Regel kein Mensch. Es wäre gegen seine Natur. Die nämlich hat auf wunderbare Art und Weise dafür gesorgt, daß die Verständigung zwischen Eltern und ihrem Kind von Anfang an klappt, ohne daß die Eltern dazu eigens eine Schule besuchen müssen.

Das Zwiegespräch mit ihrem Baby läuft nämlich rein intuitiv ab, wie zahlreiche Experimente von Mechthild und Hanus Papousek, Verhaltens-Psycho-Biologen am Max-Planck-Institut in München, eindrucksvoll bewiesen haben. Bei einem ihrer Tests beispielsweise hielten sie mit der Videokamera fest, wie frischgebackene Eltern mit dem Säugling umgingen. Hinterher befragt, warum sie sich in der gefilmten Situation so und nicht anders verhalten hatten, gaben die Eltern zwar eine plausible Erklärung ab, die dem darauffolgenden Gegencheck mit der Videoaufzeichnung aber nicht standhielt. Sie hatten also offensichtlich einfach aus der Situation und ihrem Gefühl heraus gehandelt. Richtig und mit Erfolg. Und noch eines bestätigten die Tests der Forscher: Je mehr Ruhe und Muße die Eltern hatten, desto besser funktionierte das Zwiegespräch mit dem Nachwuchs.

Eine Erfahrung, die Hebammen und Kinderärzte in ihrer täglichen Arbeit immer wieder machen. In den ersten Tagen nach der Ankunft des neuen kleinen Erdenbürgers sind die frischgebackenen Eltern oft noch überfordert. Wen wundert's, stellt die Geburt ihr Leben doch von einem Moment auf den anderen auf den Kopf. Aus der trauten Zweisamkeit wird eine Dreisamkeit mit einem neuen »Unbekannten«, dessen »Sprache« und Bedürfnisse man erst einmal kennenlernen und verstehen muß. Doch kaum sind Mutter und Kind zu Hause angelangt, klappt die Babypflege gleich besser: Das Kind schreit weniger als in der Klinik und läßt sich schneller beruhigen. Dieses Phänomen zu erklären fällt Babyforschern nicht schwer: Der Klinik mit ihrem Lärm und ihrer Hektik entschlüpft, in der ruhigeren häuslichen Umgebung, gelingt es den Eltern und ihrem Baby eher, sich aufeinander einzustimmen.

Eltern sind also, was ihr Baby angeht, geborene »Könner«, solange sie sich auf ihren Instinkt und ihre Beobachtungsgabe verlassen. Diese ein wenig zu schärfen und Eltern von Neugeborenen, die meist noch ein wenig unsicher sind, ein paar Schlüssel-Kenntnisse an die Hand zu geben, dabei soll dieses Kapitel helfen.

Das angeborene Überlebens-Set

Mit der nötigen Muße also werden die Eltern bald eine faszinierende Entdeckung nach der anderen machen: zum Beispiel, daß ihr Kleines von Geburt an dazu in der Lage ist, traurig, fröhlich und aufmerksam auszusehen, ohne dies je gelernt zu haben. Es hat die Muskeln von Mund, Augen und Hals genug unter Kontrolle, um beispielsweise die Brust seiner Mutter zu finden und zu trinken, aber auch, um hinzugucken, wenn es etwas Interessantes sieht, bzw. wieder wegzuschauen, wenn es das Gesehene langweilt. Zwar ist seine Mimik und Körpersprache bei weitem noch nicht so vielfältig und ausdifferenziert wie bei uns Erwachsenen. Bis es sich uns angeglichen hat, dauert es etwa zehn Jahre. Doch immerhin bringt schon das Neugeborene eine Art Grundausstattung an Mimik und Gestik als Erbanlage mit auf die Welt.

Aber nicht nur das: Es kann die beschriebenen Gesichtsausdrücke auch sofort bei Mutter oder Vater erkennen und verstehen, was in ihnen vorgeht. Und mit jedem Tag, an dem sich die Eltern liebevoll mit ihm beschäftigen, wird es ein Stückchen mehr dazulernen. Dabei hilft ihm unter anderem sein natürlicher Drang, all das, was im Gesicht der Eltern vorgeht, nachzuahmen.

Wie ausführliche Studien bewiesen, ist schon ein sechs Tage alter Säugling dazu in der Lage, seinen Gesichtsausdruck dem des erwachsenen Gegenübers anzugleichen. Machen Sie doch einmal den Test: Strecken Sie Ihrem Baby die Zunge heraus. Es wird Sie bald imitieren!

Daß das Kleine in den ersten Wochen und Monaten nur relativ wenig sehen und erkennen kann und die Sprache der Erwachsenen noch lange nicht beherrschen wird, macht dabei nichts aus. Die Natur hat das Neugeborene zum Ausgleich reich mit anderen Fähigkeiten ausgestattet.

Kleine Seismographen

Babys haben beispielsweise weit ausgeprägtere Antennen für Stimmungen und Gefühle als Erwachsene. Feinfühlig wie kleine Seismographen (= Meßgeräte für Erdbeben) nehmen sie bereits in den ersten Stunden nach der Geburt auf, was in ihrer Umwelt vor sich geht. Möglich macht dies unter anderem die Haut, ihr größtes Sinnesorgan: Über die Berührungen von Vater und Mutter sind Neugeborene enorm empfänglich für deren Körpersprache. Ob die Eltern gerade ruhig, fröhlich und gelassen sind oder aber nervös, unsicher und angespannt, teilt sich den kleinen »Würmern« also sofort mit. Und sie übernehmen die Schwingungen, das Tempo, die Stimmung der Person, die sie gerade auf den Arm genommen hat.

So sicher ist das Gespür des Neugeborenen, daß man es nicht täuschen kann. Jeder Versuch, dem Kind gegenüber innere Gereiztheit oder Nervosität zu überspielen, wird erfolglos sein. Das Baby spürt trotzdem, wie es dem Menschen, der sich mit ihm befaßt, gerade geht. Deshalb ist es manchmal auch besser, eine andere Person nimmt das Baby für ein paar Minuten auf den Arm, wenn die Mama mal sehr hektisch und unruhig ist. Denn ein Säugling mag es gar nicht leiden, wenn es durch ruppige Bewegungen aus seinem ureigenen Tempo und Rhythmus herausgerissen wird.

Am liebsten haben Neugeborene den Takt, den unser Herz vorgibt – an den haben sie sich im Bauch der Mutter gewöhnt: Das sind etwa 60 bis 80 Schläge pro Minute. So fanden Wissenschaftler heraus, daß erfahrene Mütter automatisch langsamer gehen und sich langsamer bewegen, sobald sie einen Säugling aufnehmen. Die Forscher zählten ihre Schrittfrequenz und stellten fest, die Frauen trugen das Baby mit etwa 60 Schritten pro Minute spazieren!

Wer diesen Mechanismus erkannt hat, kann sich seiner übrigens auch aktiv bedienen: So können Eltern ein nervöses, überaktives Kind beruhigen, indem sie es sanft in den Arm nehmen, ruhig hin und her schaukeln und mit ihm sprechen. Umgekehrt können sie auch ein wenig aktives, beinahe apathisches Kind aufmuntern, wenn sie wollen.

Die Reflexe: Relikt aus der Urzeit

In den ersten Wochen sind die Bewegungen des Neugeborenen noch sehr fahrig und unruhig. Im Gegensatz zu uns haben seine Muskeln, Sehnen und Gelenke, die noch an die Schwerelosigkeit im Bauch der Mutter gewöhnt sind, ihre liebe Mühe, mit der bleiernen Schwerkraft auf der Erde fertig zu werden. Deshalb scheint noch keine seiner Bewegungen willentlich. Dabei ist der Säugling bereits mit einer erstaunlichen Reaktionsfähigkeit ausgestattet: mit den Reflexen nämlich, unwillkürlichen Bewegungsabläufen, Überbleibseln aus der Urzeit des Menschen, die entweder im Laufe der ersten Lebensmonate verlorengehen oder in andere Bewegungsabläufe übergehen. Kinderärzten dienen diese Reflexe bei den üblichen Vorsorgeuntersuchungen als Anhaltspunkt, ob sich das Baby seinem Alter entsprechend entwickelt.

Zu den wichtigsten Reflexen zählt der *Saug- und Suchreflex.* Zusammen mit dem Geruchssinn ermöglicht er es dem Neugeborenen, gleich in den ersten Minuten nach der Geburt die Brustwarze der Mutter zu finden.

Der *Greifreflex* ermöglicht es dem Kind, sich so fest an einen Finger seiner Mutter zu klammern, daß es daran sogar frei hängen könnte. Der Reflex stammt vermutlich noch aus der Zeit, als die Vorfahren des Menschen über und über behaart waren und sich die Babys im Fell der Mutter festkrallen mußten, damit sie bei plötzlicher Flucht nicht verlorengingen. Eine ähnliche Funktion erfüllt der *Klammer-* oder *Moro-reflex* (nach dem deutschen Arzt Moro, der daraus 1918 einen Test entwickelte). Fällt das Baby, spreizt es in einem verzweifelten Rettungsversuch Arme, Beine und Finger der Hände von sich. Anschließend krümmt es sie wieder an, als wolle es sich irgendwo festklammern.

Ein weiterer *Reflex* sorgt dafür, daß das Baby stets den Kopf zur Seite dreht oder hochnimmt, sobald man es auf den Bauch legt. Er bietet einen natürlicher Schutz vor dem Ersticken.

Mindestens so wichtig wie die Reflexe aber ist die Gabe des Neugeborenen, Gefühle zu wecken und eine Beziehung zu seinen Mitmenschen herzustellen. Durch diese Gabe sichert die Natur sein Überleben.

Meister der Zwiesprache

Von der Stunde der Geburt an verfügt das Baby über ein Überlebens-Set aus Mimik und Gestik. Mit diesen Signalen regt es seine Eltern an, sich ihm zuzuwenden. Sie können nicht anders, sie müssen spontan reagieren. Auch dafür hat die Natur sie ausgestattet: mit einem ganz bestimmten Programm aus Mienenspiel und Körpersprache. Die Eltern betätigen sich unbewußt als Spiegel und als Echo für ihr Kind, wie es die Münchner Verhaltens-Psycho-Biologin Mechthild Papousek formuliert. Auf diese Weise entsteht das schon einmal angesprochene Wechselspiel zwischen Eltern und Kind. Wie in einem Pingpong-Spiel werfen sich die Partner gegenseitig den »Ball« zu. Ein »Spiel« voll Spaß und wechselseitiger Anregungen. Dieses Wechselspiel erfüllt gleich mehrere Aufgaben auf einmal.

1. Dadurch, daß die Eltern die Mimik ihres Kindes nachahmen – übrigens stets etwas deutlicher, fast übertrieben –, führen sie ihm vor Augen, was es macht. Der jeweilige Gesichtsausdruck wird sich immer deutlicher bei ihm einprägen. Außerdem sorgen sie dafür, daß in ihm ein positives Gefühl entsteht: In dem Sinne von »ich werde verstanden«. Dies ist eine wichtige Basis, daß das Kind Vertrauen entwickeln kann.

2. Eltern werden die Mimik ihres Kindes nicht nur nachahmen, sie werden das Mienenspiel im Lauf der Zeit auch immer wieder leicht abwandeln und dem Kind dadurch die Möglichkeit geben, neues zu lernen.

3. Indem die Eltern auf die Signale ihres Kindes reagieren und selbst versuchen, es zu stimulieren, vertiefen sie die Bindung zu ihm und vermitteln schon einem ganz kleinen Kind den Eindruck: »Ich kann etwas erreichen. Andere Menschen reagieren auf mich, und sie sorgen für mich, wenn ich etwas brauche.«

Bitte, nicht zuviel des Guten!

Bereits in den allerersten Wochen kann das Baby also etwas lernen, wenn sich die Eltern mit ihm beschäftigen. Manche Experten gehen sogar soweit zu behaupten, die Eltern förderten damit die Bildung seines Gehirns, das, wie wir heute wissen, in den ersten drei, vier Monaten nach der Geburt erst noch »nachreifen« muß.

Das soll allerdings nicht heißen, daß die Eltern Tag und Nacht für Anregung sorgen müssen. Im Gegenteil: Vor allem ein neugeborenes Kind braucht noch viel Ruhe, um das Erlebte, die Flut der neuen Reize, die nun auf es einströmen, verarbeiten zu können. Sonst reagiert es im wahrsten Sinne »überreizt«, genervt und schreit. Deshalb ist es wichtig zu erkennen, wann das Baby sich wohl fühlt und bereit ist zur Kontaktaufnahme, wann es neugierig und interessiert ist, wann es spielen oder aber seine Ruhe haben oder schlafen möchte, wann es hungrig ist oder sich unwohl fühlt. Im Laufe der Wochen werden die Eltern die feinen Signale immer besser unterscheiden und verstehen lernen.

Ihre frisch erworbenen Kenntnisse können sie auch auf andere Neugeborene anwenden. Denn die Körpersprache der Babys ist sozusagen universal, ihre Signale sind also im Grunde gleich. Allerdings wird jedes Kind im Lauf der Zeit seine »Spezialitäten«, sprich ein eigenes Repertoire an Zeichen entwickeln, mit denen es deutlich macht, was es gerade möchte. Je früher die Eltern darauf eingehen, um so zufriedener wird das Baby sein, und um so harmonischer ist die Beziehung von Eltern und Kind.

Und noch etwas: Eltern müssen dabei keine Angst haben, ihr Kleines zu sehr zu verwöhnen, wenn sie es häufig auf den Arm nehmen, stets gleich auf sein Schreien oder Weinen reagieren. Zu ihrer Beruhigung ist zu sagen: Während des ersten Lebenshalbjahres ist dies unmöglich. Im Gegenteil, das Baby braucht ihre Zuwendung und regelmäßigen Körperkontakt. Bekommt es beides, fühlt es sich verstanden und geborgen. Eine unverzichtbare Grundlage, um Mut und Selbstvertrauen für das weitere Leben zu entwickeln.

Schreien und Weinen

In den ersten Wochen und Monaten sind dies die stärksten Ausdrucksmittel des Säuglings. Vor allem in den ersten Wochen fällt es vielen Eltern schwer zu deuten, was ihr Baby hat, wenn es schreit oder weint. In ihrer Hilflosigkeit gehen sie meist davon aus, es habe Hunger und legen es an die Brust an bzw. zücken die Flasche.

Dabei will es ihnen unter Umständen etwas ganz anderes sagen. »Ich bin müde«, »mir ist nicht wohl«, »hier ist es mir zu laut«, »ich habe Bauchweh«, »ihr habt mich zu warm angezogen«, »meine Windel ist voll« oder »ich fühle mich alleine, nimm mich auf den Arm« beispielsweise. Wer genau hinhört, wird allerdings bald Unterschiede in Lautstärke, Dauer, Tonfall und Intensität entdecken.
So kann man beim Schreien grundsätzlich drei Arten unterscheiden:

Schmerzensschreie sind besonders laut, sie setzen jäh und plötzlich ein, dauern ein paar Sekunden. Dann atmet das Baby hörbar aus, schnappt nach neuer Luft und setzt von neuem zum Schreien an. Schreit es, weil es Bauchweh hat, wird es dabei auch krampfartig die Beinchen in Richtung Bauch anziehen.

Hungergeschrei ist deutlich ruhiger und rhythmischer als anderes. Der Beschreibung mancher Eltern nach klingt es nach einem »Lalala«. Es dauert jeweils nur ein bis zwei Sekunden lang, mit Pausen dazwischen. Ein zusätzlicher Anhaltspunkt dafür, daß das Baby Hunger hat, ist der bereits genannte Suchreflex: Hält man es seitlich an die Brust, wird es sein Köpfchen immer wieder und immer energischer in Richtung Brustwarze drehen. Das Kind läßt sich kurzfristig mittels eines Schnullers beruhigen oder indem man ihm eine Fingerkuppe in den Mund steckt, an der es unmittelbar zu saugen beginnt. Mit einiger Erfahrung lassen es Eltern schließlich gar nicht mehr so weit kommen: Sie erkennen schon an Frühzeichen wie dem

»Mündeln« (das Kind spitzt seine Lippen suchend, wobei das Mündeln mit zunehmendem Hunger immer heftiger wird), daß ihr Baby hungrig oder durstig ist, und reagieren. Wie unbewußt diese Verständigung zwischen Mutter und Kind ablaufen kann, zeigt die Erfahrung mancher Frauen, die stillen: Noch bevor ihr Baby durch Schreien oder Weinen mitteilte, daß es Hunger hat, spüren sie, wie die Milch in ihre Brust einschießt.

Wutgeschrei schließlich hört sich ähnlich an wie Hungergeschrei, nur deutlich heftiger und unmelodisch. Manche Babys schreien sich auf diese Weise in den Schlaf, weil sie anders nicht zur Ruhe finden können. Bei ihnen läßt das Geschrei nach ein paar Minuten erkennbar nach, wird zum Wimmern.

Um herauszufinden, weshalb ein Kind schreit, braucht es ein bißchen Zeit und Geduld. Jedes Kind hat seine Eigenheiten, die die Eltern erst herausfinden müssen. Sie durchlaufen in den ersten Wochen und Monaten nach der Geburt ebenso wie ihr Kind eine Lern- und Anpassungsphase.

Ein Trost für frischgebackene Eltern mag folgende Beobachtung des Schweizer Kinderarztes und Entwicklungsspezialisten Remo H. Largo sein: Bei jedem Kind nimmt das Schreien während der ersten Wochen zu – unabhängig davon, wie die Eltern darauf eingehen. Einer der Gründe hierfür ist, so vermuten Entwicklungspsychologen, daß das Baby einfach die negativen Gefühle, die die unzähligen neuen Eindrücke in seiner Umwelt in ihm hervorrufen, loswerden muß. Nach etwa drei Monaten jedoch wird die Intensität des Schreiens wieder deutlich abnehmen, weil das Kind inzwischen die beruhigende Erfahrung gemacht hat, daß seine Bedürfnisse gestillt werden, sobald es schreit. Unter Umständen kann es dann sogar ein paar Minuten warten.

Die Eltern haben es selbst in der Hand: Reagieren sie frühzeitig, so vermitteln sie dem Kind die Gewißheit, daß es sich auch mit kleinen, feineren Signalen verständlich machen kann. Und daß es nicht jedesmal erst über Minuten hinweg und lauthals schreien muß, bevor es die Flasche erhält. Hilfreich ist dabei auch, wenn beim Füttern ein bestimmter Ablauf eingehalten wird, das Baby also zum Beispiel sofort aufgenommen und getröstet wird, die Mutter mit ihm in einen bestimmten Raum geht, das Fläschchen auf eine bestimmte Art und Weise zubereitet. Mit der Zeit werden dem Säugling diese Abläufe vertraut, und es beruhigt sich, wenn Vater oder Mutter damit beginnnen.

Zeichen von Entspannung

Schreit das Kind aus Hunger und weil es Bauchschmerzen hat, ist sein Gesichtchen ganz verkniffen, die Hände sind zu Fäustchen geballt. Geht es ihm wieder besser, läßt die Anspannung sichtbar nach. Gut läßt sich dies beim Füttern beobachten. Ist der größte Hunger gestillt, ist Babys Gesicht glatt und entspannt. Fast sieht es so aus, als ob es in der nächsten Sekunde lächeln wollte (was es willentlich aber frühestens ab dem vierten Lebensmonat kann!). Die Stirn ist faltenfrei, es hält seine Unterarme locker auf dem Bauch, die Schultern sind geöffnet und die Händchen, die anfangs den Daumen umklammerten, sind jetzt locker und unverkrampft.

Schauen und Horchen

Ist das Baby satt, trocken, ruhig und zufrieden, ist es am ehesten aufnahmebereit. Am stärksten wird es jetzt auf angenehme melodische Musik reagieren oder auf menschliche Stimmen, übrigens auf hohe, weibliche besonders. Kein Wunder, ist ihm doch die Stimme der

Mutter bereits aus dem Mutterleib vertraut. Sie kann es, so bewiesen amerikanische Studien, bereits nach einer Lebenswoche von anderen weiblichen Stimmen unterscheiden. Zwei Wochen nach der Geburt ist sie dem Baby bereits so vertraut, daß es völlig irritiert ist, wenn – wie bei Tests probiert – die Mutter zwar die Lippen bewegt, dazu aber eine fremde Stimme von einem Tonband ertönt.

Auch Gesichter oder intensive Helligkeit wie zum Beispiel ein Sonnenstrahl, der auf der Wand über seinem Bettchen tanzt, ziehen seine Aufmerksamkeit minutenlang in ihren Bann. Das Gesicht der Mutter von fremden Gesichtern zu trennen, lernt das Baby innerhalb der ersten vier Lebenswochen.

Daß das Baby gespannt schaut oder horcht, teilt sich vor allem durch seine Kopfhaltung mit. Immer wird es versuchen, sein Gesichtchen in die Richtung zu drehen, aus der die Töne herkommen oder wo es etwas Interessantes zu sehen gibt. Dabei sind seine Augen weit geöffnet, die Augenbrauen leicht angehoben (man könnte meinen, das Baby schaue ein bißchen erstaunt), die Lippen ein wenig geöffnet. Manchmal strampelt es dazu auch freudig mit den Beinchen.

Hallo, du!

Hat das Baby Lust, in Kontakt mit Ihnen zu treten, signalisiert es dies durch eine Art Begrüßungsritual. Bereits Neugeborene beherrschen es. Es ist international verständlich. Wo auch immer man sich befindet in der Welt, läuft es auf dieselbe Art und Weise ab: Der Kopf wird der Person, die gegrüßt werden soll, zugewandt und angehoben, die Augenbrauen werden hochgezogen, Augen und Mund geöffnet, der Betreffende direkt angeschaut.

Die Kontaktaufnahme beginnt also stets mit den Augen. Typisch für Babys in den ersten Lebensmonaten ist auch, daß sie ihr Gegenüber anschauen, dann den Blick für ein paar Sekunden abwenden, wieder gucken. Dieses Spielchen wird mehrmals wiederholt. Ist das Baby angeregt und möchte, daß Sie reagieren, mit ihm reden oder spielen, wird es auch seine Schultern und Hände öffnen, eventuell gibt es Ihnen auch durch Glucksen, ein (allerdings unwillkürliches) Lächeln oder Strampeln mit den Beinchen zu verstehen, daß es sich wohl fühlt und daß Sie mit dem Zwiegespräch fortfahren sollen. Ist es schon ein paar Wochen alt und kann bereits die Ärmchen und Beinchen unabhängig voneinander bewegen, streckt es Ihnen vielleicht auch erwartungsvoll eine Hand entgegen.

Besonders wohl fühlen sich Neugeborene übrigens, wenn man sie zur Zwiesprache hochnimmt, mit einer Hand das Köpfchen, mit der anderen den Rücken stützt und ein wenig streichelt. Diese Lage hat den Vorzug, daß das Baby nicht gegen die Schwerkraft und die sich dagegen zur Wehr setzenden Reflexe ankämpfen muß. Es wird sich in dieser Position behaglich und geborgen fühlen. Dazu ist es in einem günstigen Abstand zum Gesicht der Person, die sich mit ihm unterhält: Zwischen 20 und 25 Zentimeter sind die optimale Entfernung für die anfangs noch geringe Sehfähigkeit des Babys. Wer nun sanft mit dem Baby plaudert, es anlächelt, anblinzelt, seine Stirn runzelt oder lacht, wird beobachten können, wie konzentriert es lauscht und schaut. Denn Babys brauchen Bewegung, auch in der Mimik. Nichts ist für sie schlimmer, als wenn sich in dem Gesicht ihres Gegenübers nichts rührt, man sie beispielsweise die ganze Zeit unbeweglich anstarrt oder anlächelt. Ein Baby wird mit allen Mitteln, die ihm zur Verfügung stehen, versuchen, wieder Bewegung in dieses Gesicht zu bringen, indem es beispielsweise strampelt, zappelt, schreit. Ändert sich dann immer noch nichts, wendet es sich schließlich ab, verstört und frustiert. So zeigten es eindrucksvoll die berühmten »still-face«-Studien des amerikanischen Baby-Forschers T. Berry Brazelton. Kinder erwarten außerdem von dem Menschen, der sich mit ihnen befaßt, die volle Zuwendung. Dreht man ihnen beim Sprechen das Gesicht nicht vollständig zu, fühlen sie sich bereits nach kurzer Zeit unbehaglich. Blickkontakt im Halbprofil mögen sie nicht. Sie werten ihn instinktiv (wie wir Erwachsenen übrigens auch!) als Zeichen dafür, daß ihrem Gegenüber der Kontakt mit ihnen nicht so sehr wichtig ist. Ihre Reaktion: Sie brechen den Kontakt entweder ab, indem sie sich selbst abwenden, oder sie beginnen zu schreien. Größere Babys, die ihre Hände schon bewußt einsetzen können, versuchen auch, das Gesicht ihres Gegenübers zu greifen und in die richtige Position zu drehen!

Und noch etwas: Wenn Sie mit Ihrem Baby plaudern, dann tun sie das so, wie Ihnen der Schnabel gewachsen ist. Mütter und Väter ertappen sich häufig dabei, daß sie beim Reden mit ihrem Baby unvermittelt in einen hohen Singsang verfallen, bestimmte Worte mehrmals wiederholen, Silben dehnen und übertrieben betonen. Eine »Babysprache«, die ihnen häufig peinlich ist, wenn ein anderer Erwachsener Zeuge ist. Dazu gibt es jedoch keinerlei Veranlassung. In den ersten Lebensmonaten ist die Aufnahmefähigkeit des Kindes für Sprache noch sehr begrenzt. Es reagiert weit mehr auf Sprachmelodie und Tonfall als auf den Inhalt der Worte. Erst durch die regelmäßige Wiederholung ganz einfacher Sätze wird es nach und nach lernen, deren Inhalt einzuordnen und zu verstehen. Durch die sogenannte Ammensprache zeigen Eltern und andere Erwachsene dem Baby, daß sie es lieb haben, trösten, aufmuntern wollen, daß es sich sicher und geborgen fühlen kann. Geben Sie also ruhig Ihrem Gefühl nach. Wichtig ist dabei nur eines: daß Sie dazwischen Pausen einlegen, darauf achten, wie das Kind reagiert, ihm Zeit lassen, zu verdauen, was es gesehen und erlebt hat. Das Kind ist der Maßstab, in welchem Takt und Tempo das Spiel abläuft. Denn

Neugeborene haben bei weitem noch nicht die Aufnahmefähigkeit größerer Kinder oder gar Erwachsener. Oft benötigen sie bereits nach einer oder zwei Minuten Blickkontakt und Blinzelspiel ein Päuschen.

Das wird mir alles zuviel

Ein Neugeborenes schottet sich häufig von einer Sekunde auf die andere ab. Anders kommt es mit der Reizüberflutung noch nicht klar. Will es sich zurückziehen, signalisiert es dies deutlicher als Kontaktbereitschaft, da es auf Reizüberflutung körperlich stärker reagiert. Frühe Anzeichen zunehmender Unruhe und Überforderung können Sie von Babys Gesicht ablesen: Wechselt dort hektisch das Mienenspiel, von angespannt, in sich gekehrt, abwehrend, orientierunglos bis hin zu verwirrt und verstört, dann steht das Baby innerlich unter Hochdruck. Offensichtlich hat es Mühe, sein inneres Gleichgewicht wiederzufinden. Sie können ihm dabei helfen, wenn Sie es sanft in den Arm nehmen und beruhigend schaukeln.

Laß(t) mich in Ruhe!

Wendet es sein Gesicht von Ihnen ab, dreht es sein Köpfchen zur Seite, und streckt es den Rücken durch, wenn Sie es auf dem Arm halten, gibt es eindeutig zu verstehen: »Laß(t) mich in Ruhe!« So wird es übrigens auch mitteilen, wenn es keinen Hunger mehr hat. Versucht man, ihm trotzdem die Flasche, den Löffel nochmals in den Mund zu schieben, wird es zusätzlich die Lippen zusammenpressen.

Vielleicht war ihm auch ein langandauernder, intensiver Blickkontakt zuviel? Dann blinzelt das Baby, kneift die Augen zusammen, oder sie zucken unruhig hin und her. Auch halb geschlossene Augen oder leichte Anzeichen von Ekel wie eine gerümpfte Nase und eine angehobene Oberlippe können ein Zeichen dafür sein, daß auf das Baby zu viele Reize einstürmen und daß es versucht, seine innere Balance wiederzuerlangen. Selbst ein Gähnen kann ein Hinweis darauf sein. Es muß nicht heißen, wie viele Eltern meinen, daß das Baby müde ist und schlafen möchte.

Auch mit dem Körper kann ein Baby signalisieren, daß es seine Ruhe braucht, stellte der amerikanische Kleinkindforscher Dr. Sirgay Sanger anhand Videoaufnahmen fest. Etwa, indem es die Unterarme dicht an den Bauch zieht und mit den Händen herumwedelt. Oder es zieht die Schultern hoch, hält Arme und Beine steif und gestreckt.

Als weitere Rückzugssignale gelten: Das Baby verzieht das Gesicht, als ob es gleich weinen würde. Oder: Es macht eine »Halt, Stopp«-Geste, hält Ihnen die Hand entgegen, mit ausgestreckten Fingern und steifem Handgelenk, wie ein Schutzmann im Verkehr.

Bei Frühgeborenen ist besonderes Augenmerk auf Rückzugssignale zu richten. Sie benötigen häufiger ihre Ruhe als »normale« Säuglinge, weil ihr Nervensystem noch nicht so gut mit starken Reizen klarkommt. Frühgeborene sind deshalb auch merklich leichter reizbar, sie wenden den Blick schneller ab, lächeln seltener als Babys, die zum vorgesehenen Zeitpunkt und »ausgereift« zur Welt gekommen sind. Frühchen können bis zu einem Jahr brauchen, bis sie ihre Defizite aufgeholt und sich in der Entwicklung anderen Babys angepaßt haben. In dieser Zeit müssen Eltern auch darauf achten, daß ihr Kleines nicht von wohlmeinenden Freunden oder Verwandten überfordert wird, die das Kleine durch besonders ausgiebiges Auf-den-Arm-Nehmen oder Bespielen fördern wollen.

Reagieren Eltern frühzeitig auf das Ruhebedürfnis Ihres Kindes, vermeiden sie, daß es müde und grantig wird. Und unter Umständen ist es schon nach einer kurzen Pause wieder interessiert und aufnahmebereit. Auf jeden Fall aber muß es ihnen nicht erst durch lautes, energisches Schreien oder Weinen klarmachen, wo seine Grenzen sind.

Unwohlsein und Unbehagen

»Das Wickeln, das Baden ist ein Horror für mich, mein Baby schreit einfach jedesmal.« Kinderärzte und Hebammen müssen immer wieder solche Klagen hören. Meist steckt nichts Ernstes dahinter, hat das Unbehagen des Säuglings eine einfach zu behebende Ursache. Beispielsweise unterschätzen manche Eltern, wie sensibel ihr Kleines ist, wie empfindlich es etwa auf Temperaturschwankungen reagiert. So mögen Neugeborene es nicht, wenn man sie aus dem warmen Bettchen holt und ihnen mit eiskalten Fingern Strampler und Hemdchen auszieht. Dabei wäre es einfach, dies zu vermeiden, indem man die Hände vor dem Wickeln kurz unters warme Wasser hält!

Worauf Babys ebenfalls häufig mit Unbehagen reagieren, ist Unruhe und Hektik bei den Eltern. Steht die Mutter beim Wickeln unter Zeitdruck, nimmt sich in der Eile nicht wie sonst Zeit für ein Strampelspielchen, sondern versorgt das Kind schnell, sachlich und mit ruckartigen Handbewegungen, wird sich das Kind unbehaglich fühlen, bald weinen oder schreien. Es fühlt sich ganz einfach in seinem gewohnten, gleichmäßigen Rhythmus gestört.

Andere Anzeichen von Unwohlsein, Unbehagen, Abwehr können sein: Gähnen, Hicksen, Husten, Augenblinzeln sowie ein angeekelter Gesichtsausdruck mit gerümpfter Nase, gekräuselter und angehobener Oberlippe. Oder wenn das Baby die Zunge herausstreckt, die Stirn runzelt, die Hände faustet, den Kopf zur Seite dreht. Noch deutlicher wird diese Gebärde, wenn das Baby schließlich die Hände in den

Essen ist ein anstrengendes Abenteuer, …

Sämtliche Fotos: Blech/Livingston

....bei dem man nicht gestört, beobachtet oder streng angeschaut werden möchte – ...

.... wenn doch, gibt's Protest.

Angst, und sei es nur vor dem Weihnachtsmann, läßt jedes Kind Nähe suchen. Noch findet es auf dem Arm, Wange an Wange gekuschelt, Schutz und Sicherheit. Später ist es vielleicht nur noch ein etwas festerer Händedruck, mit dem die Suche nach Nähe signalisiert wird.

Handgelenken abknickt, so daß sein Gegenüber die Handballen zu sehen bekommt. In jedem Fall möchte es damit klarmachen, daß es eine Änderung der Situation wünscht.

Vor allem junge Eltern, die noch kaum Erfahrung darin haben, wie man mit Babys umgeht, lassen sich durch Schreien oder andere Unmutsbekundungen schnell aus der Fassung bringen. Sie haben häufig Angst, Fehler zu machen und es sich dadurch für immer mit ihrem Baby zu verderben. Sie können beruhigt sein. Im ersten Lebensjahr wird das Neugeborene ihnen so manche Schnitzer verzeihen. Hellgard Rauh, Psychologin an der Freien Universität Berlin, meint sogar, Kinder gäben ihren Eltern zwei Jahre Zeit, das schwierige Geschäft der Erziehung zu erlernen. So lange würden sie ihnen kleine alltägliche Fehler nicht krummnehmen. Hauptsache, bestimmte Fehler würden nicht regelmäßig wiederholt.

Wer die Entwicklung seines Kindes aufmerksam verfolgt, auf seine Signale und Bedürfnisse achtet und vor allem mit Spaß und unverkrampft bei der Sache ist, dem wird dies auch gelingen.

Nach dem ersten Vierteljahr

Nun wird es einfacher für die Eltern, ihr Kleines zu verstehen. Zum einen sind sie schon ein Stück weit mit seiner Mimik und Gestik vertraut, zum anderen wachsen die Möglichkeiten des Babys, sich seiner Umwelt mitzuteilen. Immer breiter wird sein Repertoire an Ausdrucksmöglichkeiten, an Tönen, an Gesichtern und vor allem auch an Gesten, weil es nun Ärmchen und Beinchen bewußt als Mittel zum Zweck einsetzen kann.

Ein Beispiel: Wird das Baby müde, äußert sich dies durch Augenreiben, Fäustchen in den Mund stecken, mit einem Finger eine imaginäre Haarlocke über dem Ohr aufdrehen, mit einer Hand etwas Stoff vom Strampler knüllen, halb geschlossene Augenlider oder das Wegdrehen der Augen, bis nur noch das Weiße zu sehen ist (was Eltern stets sehr erschreckt, wenn sie es zum ersten Mal beobachten). Zudem setzt das Kleine seine Signale von Tag zu Tag bewußter ein, zum Beispiel, um ein Spielchen mit seiner Mutter oder seinem Vater in Gang zu bringen.

Entsprechend seiner neuen Möglichkeiten läßt das Schreien und Weinen nach dem vierten Lebensmonat nach. Das Baby weiß jetzt, daß schon ein weinerlicher Gesichtsausdruck genügt, um die Eltern auf sein Unbehagen aufmerksam zu machen. Außerdem ist es auch bald in der Lage, sich selbst zu trösten und zu beruhigen, indem es eine Faust, einen Finger oder ein Spielzeug in den Mund nimmt. Beobachten die Eltern Mimik und Gestik ihres Kindes, müssen sie jetzt allerdings auch seinen erweiterten Seh- und Aktionsradius miteinbeziehen.

Was uns Krabbelbabys sagen wollen

Auf Entdeckungsreise

Je besser das Baby sehen kann (ab dem vierten Monat erkennt es Gesichter immer klarer), desto interessierter betrachtet es die Menschen in seiner Umgebung. Über etliche Minuten hinweg mag es jetzt vertraute, aber auch bisher unbekannte Gesichter studieren, im Duett blinzeln, mit den faszinierend großen Fingern von Erwachsenen spielen.

Um den siebten, achten Lebensmonat läßt dieses Interesse jedoch auf einmal merklich nach. Vor allem den Eltern wird auffallen, daß das Kleine sie nicht mehr so häufig und ausdauernd ansieht. Ihre Sorge, das habe etwas mit Ablehnung oder einer momentanen Mißstimmung des Kindes zu tun, ist jedoch unberechtigt. Das Baby macht nur gerade einen wichtigen Entwicklungsschritt durch, der Hand in Hand mit der stetig wachsenden Bewegungsfähigkeit des Kindes einhergeht. Aus dem Sitzen heraus lernt es nun zu krabbeln. Unermüdlich und voll Eifer trainiert es den ganzen Tag lang seine neue Fortbewegungsmöglichkeit. Dabei ist sein Gesichtchen leicht gerötet, ein Lächeln schiebt die Wangen nach oben und macht sie voll und rund.

Doch es ist nicht nur die neugewonnene Mobilität, die dem Kind soviel Freude macht. Die Möglichkeit, sich alleine vorwärts zu bewegen, nicht mehr zu den Dingen seiner Umgebung hingetragen werden zu müssen, beflügelt auch seine angeborene Neugier und Phantasie.

Sein Impuls, die Umwelt zu entdecken und zu verstehen, ist jetzt riesengroß. Denn mit der Motorik hat auch das Bewußtsein einen kräftigen Entwicklungsschub gemacht. Mit Freude sehen die Eltern, daß das Gesichtchen ihres Kindes immer lebendiger wird.

Blick und Mimik werden nun ausgeprägter und lebhafter. Das Kind scheint mit seinen Augen ständig unterwegs im Raum, auf der Suche nach neuen Zielen. Kein Sofa ist zu ausladend, um sich daran hochzuziehen, kein Regalbrett zu hoch, um es leerzuräumen, kein Nachtkästchen davor sicher, genauestens inspiziert zu werden. Auch Küchenschränke und Truhen (und natürlich deren Inhalt) sind beliebte Ziele der kleinen Forscher. Und alles muß stets im wahrsten Sinne des Wortes be-griffen und von vorne und hinten aufs genaueste untersucht werden. Was die Eltern naturgemäß häufig mit Sorge erfüllt. Denn erstens weiß das Kleine die Gefahren in seiner Umgebung noch nicht abzuschätzen, und zweitens kann es seine Bewegungen und seine Kraft noch nicht genau steuern. Es zieht sich zwar mit Begeisterung an jedem Stuhl, jeder Schranktür hoch. Doch noch steht es ein bißchen unsicher auf seinen Wackelbeinen und plumpst auf seinen Expeditionen öfter hin.

Schrammen, Beulen und Tränen lassen da nicht lange auf sich warten. Und die eine oder andere Vase geht auch zu Bruch. Trotzdem sollten die Eltern den Forscher- und Entdeckerdrang ihres Sprößlings möglichst wenig zügeln. Denn die Tränen sind schnell getrocknet, und die Vase ist bald ersetzt. Die natürliche Neugier und die Freude daran, die (Um-)Welt zu erobern, dürfen dem Kind nicht verdorben werden. Nur sie ermöglichen es dem kleinen Menschen, seinen Gesichtskreis zu erweitern und sich ein Bild von der Welt zu machen.

Dabei spielen Mama und Papa eine sehr bedeutende Rolle. Am besten begleiten sie ihr Kind auf seinen Forschungsreisen. Nicht nur aus Sicherheitsgründen, sondern vor allem auch als Ratgeber und Stütze.

Denn immer wieder wird es im Krabbeln innehalten, sich nach ihnen umdrehen, Blickkontakt mit ihnen suchen. Und in seinem Gesichtchen wird deutlich die Frage zu lesen sein: »Mama, darf ich dahin?« »Papa, kann ich mich trauen, das anzufassen?« »Ist diese Sache auch wirklich in Ordnung?« Reagieren die Eltern ruhig und gelassen und ermuntern das Kind mit einem Kopfnicken, einer einladenden Handbewegung, einem Lächeln, dann fühlt es sich sicher in seinem Handeln und krabbelt weiter.

Doch was tun, wenn Baby etwas nicht anfassen soll? Auf ein barsches, lautes »Nein« wird es nicht hören. Zwar ist es meist schon dazu in der Lage, ein klares Verbot zu verstehen, doch darauf horchen wird es noch nicht. Seine Neugier an Neuem ist zu groß. Zudem kann es die Folgen seines Handelns noch nicht abschätzen. Und ein Verbot wird in dieser Entwicklungsphase eher den Reiz einer Sache erhöhen als daß es greift. Erfahrene Eltern kennen das. Das Ding, das da vor ihrem Kind steht, ist doch zu bunt, zu schillernd, zu geheimnisvoll, als daß es darum herum könnte...

Grenzen und Provokationen

Wie der große Gummibaum im Schlafzimmer der Eltern. Immer, wenn Nina ihn sieht, steuert sie darauf zu wie von einem Magneten angezogen. Das energische »Nein« ihrer Mutter läßt die knapp Einjährige nur einen Moment lang stutzen. Schon krabbelt sie weiter. Gerade zwei Armlängen von der Pflanze entfernt, bleibt sie sitzen, dreht sich zu ihrer Mutter um, hebt das rechte Ärmchen, die Handfläche nach oben gekehrt zum Baum – und strahlt ihre Mutter dabei so hinreißend an, daß diese kaum ernst bleiben kann. Sie sagt zwar »nein«, muß aber trotzdem lachen über ihren kleinen Schalk. Das veranlaßt Nina sofort, sich ein weiteres Stückchen an die Pflanze heranzuwagen. Und »schwupp« reißt sie dem Gummibaum eines seiner verlockend grünen Blätter ab. Daß ihre Mutter sie daraufhin schimpft, packt und in eine andere Ecke des Zimmers befördert, bringt Nina nicht von ihrer Sache ab. Binnen weniger Minuten ist sie wieder zum Objekt ihrer Begierde gekrabbelt. Das Spiel beginnt von neuem. Selbst als die Mutter mit einem Stuhl und einem Karton einen Hindernisparcours zum Schutz des Gummibaums bildet, läßt Nina sich nicht bremsen. Sie hat das Kinn hoch erhoben, ein triumphierendes Lächeln im Gesicht, als sie die Pflanze trotz aller Hürden wieder erreicht (sie kriecht einfach durch die Stuhlbeine und schiebt den Karton beiseite). Wie in Siegerpose hebt sie einen Arm hoch in die Luft, dann greift sie erneut nach einem Blatt...

Es ist eigentlich Zeit zum Schlafen. Doch als die Mutter Martina im Wohnzimmer kurz auf dem Fußboden absetzt, wieselt die Krabbelmaus flugs in Richtung Fernseher. Knapp vor dem Phonoregal dreht sie sich nochmals um und vergewissert sich, daß die Eltern ja auch gucken. »Das ist schon eine Art abendliches Ritual bei uns geworden. Als ob Martina eine unsichtbare Grenzlinie überschreiten wolle«, schildert der Vater. Natürlich greift er ein, bevor die Kleine an den Knöpfen und Schaltern herumhantieren kann, und trägt sie vom Fernsehapparat weg. Ohne wütenden Protest geht es jedoch nicht ab: Martina wehrt sich schreiend, mit Händen und Füßen rudernd und durchgebogenem Rücken, so daß der Vater sie kaum halten kann. Der nächste Versuch läßt nicht lang auf sich warten...

»Ich will!« – eine schwierige Phase ist für die Eltern der beiden Mädchen angebrochen. Mit einem Jahr etwa, kurz bevor Kinder mit dem Laufen loslegen, demonstrieren sie erstmals verstärkt, wieviel Energie und eigenen Willen sie bereits haben. Ein kleiner Vorgeschmack auf das Trotzalter (zwischen dem zweiten und dritten Lebensjahr).

Was die Kinder vor sich sehen, wollen sie be-greifen. Verbote der Eltern verstehen sie eher als Aufforderung zu einem Spiel, bzw. als Möglichkeit, die Aufmerksamkeit der Eltern zu erregen. Soll heißen: Unermüdlich probieren die Kinder nun aus, wo ihre Grenzen sind, ob die Eltern wirklich auf die Einhaltung von Verboten achten, oder ob sie nicht doch ein Stückchen weiter gehen können.

So spielerisch solche Auseinandersetzungen in dieser Phase noch ablaufen mögen, so wichtig ist es doch auch jetzt schon, daß Eltern sich konsequent verhalten und Stärke zeigen. Denn ihr Kind will und muß nun zweierlei erfahren:

1. daß es sich auf seine Eltern und das, was sie sagen und tun, verlassen kann, daß sie ihm ein verläßlicher, sicherer Rückhalt im Leben sind.
2. wo seine Grenzen sind. Nur die Eltern können dem Kind vermitteln, was nach allgemeinen Verständnis unserer Gesellschaft zulässig ist und was nicht.

Ganz wichtig ist, daß sie dem Kind dazu ganz unmißverständliche, klare Signale geben. So gehört zu einem deutlichen »Nein« unbedingt ein ernstes Gesicht, falls nötig auch ein kleiner Klaps auf die Hand. Denn ein »Nein«, das mit einem Lachen auf dem Gesicht ausgesprochen wird, kann das Kind, so der Hinweis von Entwicklungspsychologen, nicht für bare Münze nehmen. Deshalb hat Ninas Mutter mit ihren Rettungsversuchen für den Gummibaum auch wenig Erfolg.

Wenn das Verbot allein nichts fruchtet, gibt es folgende Alternativen:

1. Man läßt das Kind das Stück, das es wie ein Magnet anzuziehen scheint, berühren, führt ihm dabei aber vorsichtig die Hand, um ihm zu zeigen, daß man es nur sanft anfassen darf. Was in der Regel zur Folge hat, daß das Kind das betreffene Stück bald links

liegen läßt und sich einer anderen Sache zuwendet, die interessanter und mit mehr Leben und Aktionsmöglichkeiten angefüllt ist als die schöne, aber leblose Vase. Seine erste Neugier ist ja befriedigt worden.

2. Man lenkt den Mini-Abenteurer ab, indem man ihm gleich etwas Spannenderes zum Begucken oder Spielen präsentiert.
3. Man räumt die Vase ganz einfach für einige Zeit außer Blick- und Greifweite.

»Soll ich jetzt weinen?«

Auch blaue Flecken, Beulen und Tränen sollten Eltern nicht dazu veranlassen, den Forscherdrang ihres Kindes zu bremsen, das Kind zu sehr im Zaum zu halten. Denn der Schmerz ist um so schneller wieder vergessen, je weniger Bedeutung man ihm beimißt. Eltern können dazu folgendes Experiment machen: Ist ihr Baby bei einer Stuhl-Besteigung unsanft auf den Po geplumpst, wird es vermutlich erst einmal verdutzt gucken, dann sucht es nach seiner Mama oder dem Papa. Und nach ein paar weiteren Schrecksekunden wird es anfangen zu weinen oder zu schreien. Vorausgesetzt, die Eltern haben ebenfalls erschrocken reagiert, sind zusammengezuckt, zu ihrem Kind geeilt, haben es sofort in den Arm genommen, an sich gedrückt und lauthals bedauert. Bleiben sie hingegen ruhig, geben ihrem Baby mit beschwichtigenden Gebärden und Worten zu verstehen: »Das ist alles halb so schlimm...« und fordern es auf, aufzustehen und es gleich wieder zu probieren, dann wird es sich kurz darauf wieder beruhigt haben und in seinem Versuch, den Stuhl zu erklimmen, fortfahren.

Damit wir uns nicht mißverstehen: Das soll nicht heißen, daß Eltern ihr Baby fürderhin nicht mehr umarmen und trösten sollen. Doch nach ihrem Vorbild wird das Kind lernen, zwischen kleineren und größeren, harmlosen und schmerzhafteren Blessuren zu unterscheiden und sich vor allem nicht durch jeden kleinen Zwischenfall entmutigen oder gar ganz von einem »Abenteuer« abbringen zu lassen.

Wer sein Kind also sozusagen an der langen Leine krabbeln läßt, wird sich nicht nur weniger ängstigen und aufregen müssen, sondern auch durch die Freude des Kindes belohnt: Sein Gesichtchen ist merklich entspannt, das Kind gluckst glücklich und zufrieden ob seiner kleinen Entdeckungen und Erfolgserlebnisse vor sich hin. Und hin und wieder wird es seinen Eltern voller Stolz etwas hinhalten oder mit den Fingerchen zeigen, so als ob es sagen wollte: »Schaut her, was ich geschafft, was ich entdeckt habe! Bin ich nicht toll!« Eine wichtige Voraussetzung, um Vertrauen in sich selbst und seine Fähigkeiten sowie in die Menschen in seinem Umfeld zu entwickeln.

»Bitte, zeig mir was!«

Manchmal kommen Babys Beinchen dem Entdeckerdrang einfach nicht hinterher – vor allem, wenn es im Krabbeln noch nicht so geübt ist. Dann reckt es Kopf und Ärmchen zu den Eltern hinauf und deutet hektisch auf alle möglichen Gegenstände. Seine Augenbrauen sind fragend erhoben, die Augen weit aufgesperrt, der Mund formt ein aufgeregtes »Dada dada« oder »Guggug guggug« nach dem anderen. Damit will es seiner Kontaktperson mitteilen: »Siehst du auch, was ich da sehe? Was ist das? Erklär mir das!« Oder »Hol mir das her!« Noch lieber aber möchte es auf den Arm genommen und herumgetragen werden, wobei man ihm alles benennen und erklären soll, worauf es deutet. Denn es ist nicht zu unterschätzen, was das Kleine jetzt schon versteht. Und wenn das Kind ein bißchen älter ist und zu sprechen begonnen hat, können die Eltern so tun, als ob sie nicht wüßten, was das Kind meint. Bis es ihnen den Gegenstand mit dem richtigen Wort bezeichnet.

»Ich will jetzt nicht!«

Die Kehrseite des neuentwickelten Willens ist die Verweigerung. Immer häufiger haben die Eltern es jetzt auch mit einem hartnäckigen »Ich will jetzt nicht!« ihres Kleinen zu tun. Essen zum Beispiel, ins Bett gehen, obwohl es kaum mehr die Augen aufhalten kann, oder sich wickeln und anziehen lassen.

Und schmusen möchte ich jetzt auch nicht mehr, macht Peter seiner Mutter unmißverständlich klar, indem er erst den Kopf zur Seite wegdreht, sich dann mit der ganzen Kraft seiner beiden Ärmchen von der Brust der Mutter wegdrückt, als wolle er ihre Umarmung gewaltsam auflösen, um endlich vom Schoß herunter auf den Boden schlüpfen und eigene Wege gehen zu können. Auch ein gesenkter Blick, energisches Kopfschütteln, zusammengepreßte Lippen und vor der Brust verschränkte Arme sind ein deutliches »Ich mag nicht! Laß mir meinen Willen«.

Ein Bereich, bei dem die gute Absicht der Eltern und die Unlust des Kindes häufig aufeinanderprallen, ist das Essen. Eltern sollten ihren Sprößling nicht zwingen, ein ungeliebtes Gemüse zu essen oder eine Mahlzeit bis auf den letzten Bissen zu verzehren. Solchen Versuchen ist selten Erfolg beschert. Eher laufen Eltern Gefahr, daß es auch künftig zu Auseinandersetzungen und Machtproben beim Essen kommt. Wie bei anderen Erwachsenen sollten sie akzeptieren, daß die Geschmäcker unterschiedlich sind. Außerdem wird heutzutage bei uns kein Kind mehr verhungern, wenn es seinen Teller einmal nicht leerißt. Das soll zwar nicht heißen, daß Eltern sich von ihrem Sprößling auf der Nase herumtanzen lassen (siehe dazu auch den obigen Abschnitt »Grenzen und Provokationen«). Aber respektieren Sie den Willen des Kindes und seine wachsende Eigenständigkeit, verleiht ihm das das nötige Selbstvertrauen.

Angst vor Fremden

Fiona fährt mit ihrer Mutter in der U-Bahn. Beim Spielen mit der Trinkflasche fällt der Deckel zu Boden. Ein freundlicher jüngerer Mann hebt ihn auf und streckt ihn dem zehn Monate alten Mädchen entgegen. Als es ihm voll ins Gesicht blickt, stößt es einen gellenden Schrei aus, verzieht das Gesicht, beginnt zu weinen und drückt sich mit dem Rücken fest in seinen Wagen. Fiona hat sich erschreckt, weil der nette Mann ein dunkelhäutiger Schwarzafrikaner ist. Sie beruhigt sich erst wieder, als der Mann etwas auf Distanz geht und die Mutter sie auf den Arm nimmt. Nach einigen Minuten, die Mutter hat sie nicht nur getröstet, sondern auch mit dem »Helfer« ein paar entschuldigende Worte gewechselt (denn natürlich ist die Situation für sie höchst peinlich!), beginnt Fiona den Mann zaghaft anzulächeln. Das Eis scheint gebrochen.

Ein extremes Beispiel, mögen manche jetzt denken. Doch es ist charakteristisch für ein Verhalten, das wir landläufig Fremdeln nennen. Es ist ein ganz normaler Entwicklungsschritt auf dem Weg hin zu einer eigenständigen Person und kann sich auf jede Person erstrecken, mit der das Baby in der Fremdelphase nicht tagtäglich zu tun hat, wie etwa die Großmutter oder die Nachbarin. Sprach man früher von der sogenannten Acht-Monats-Angst, so weiß man heute, daß während der ersten drei Lebensjahre eines Kindes unter Umständen mehrmals Fremdelphasen von unterschiedlicher Intensität auftreten können. Die Symptome sind um so deutlicher, je seltener das Kind mit anderen Menschen konfrontiert wird. Hatte es hingegen schon während der ersten Lebensmonate regelmäßig mit vielen verschiedenen Menschen ausgedehnten Kontakt, wird es weniger fremdeln.

Ausgesprochene Frühentwickler beginnen eventuell schon im Alter von fünf Monaten zwischen vertrauten Personen wie Mama und Papa sowie Fremden zu unterscheiden. Andere Kinder zeigen die ersten Anzeichen von Schüchternheit erst mit sechs oder sieben Monaten. Angesichts eines Fremden scheinen sie sich förmlich in sich selbst zurückzuziehen. Sie drehen sich entweder ganz weg, oder, wenn sie bei der Mama auf dem Arm sind, zumindest den Oberkörper und vergraben das Gesicht an ihrer Schulter. Weitere Anzeichen: Das Baby zieht das Kinn ein, senkt die Augen, streckt Unterlippe und Zungenspitze vor. Ist das Fremdeln ausgeprägter, dann weint oder schreit das Baby gar, wenn ihm ein Fremder zu nahe kommt.

Nähere Verwandte wie etwa Großmutter und Großvater oder enge Freunde sind vermutlich fürs erste irritiert: Warum lehnt mich der/die Kleine plötzlich ab und läßt sich von mir nicht mehr auf den Arm nehmen wie früher?, werden sie sich fragen. Dabei will das Baby ihnen nur mitteilen: »Ich bin gerade schüchtern.« Wenn sie ihm etwas Zeit und Ruhe lassen, einen gewissen Abstand zu ihm halten, wie er unter Erwachsenen ganz selbstverständlich ist, sich langsam bewegen, dann wird sich das Kleine vermutlich nach einer kurzen Gewöhnungsphase beruhigt haben. Die Eltern können das Ihrige dazu tun: Indem sie so tun, als ob weiter nichts geschehen sei, sich mit dem »Fremden« ganz normal unterhalten. Die Erwachsenen können außerdem ein Spielzeug nehmen, es untereinander hin- und herreichen und schließlich dem Kind aushändigen. Über das Spielzeug wird dann symbolisch eine Brücke zum Kind geschlagen.

Zur Annäherung zwingen sollte man das Kleine nicht. Den ersten Schritt muß man in jedem Fall ihm überlassen. Ist die anfängliche Scheu überwunden, mit Hilfe der Eltern neues Vertrauen in die fremde Person geweckt, wird das Kind ganz von selbst auftauen. Zuerst steckt es sein Köpfchen neugierig hinter dem Rücken der Eltern hervor und guckt. Bis es sich schließlich hervortraut und der betreffenden Person unter Umständen gar die Ärmchen mit der Aufforderung entgegenstreckt: »Komm und nimm mich in den Arm!«

Helfen jedoch alle Bemühungen nicht, lehnt das Kind die ihm nicht vertraute Person ab, muß man das respektieren und abwarten, bis die Fremdelphase vorüber ist. Läßt man ihm nicht die Möglichkeit, seine widerstreitenden Gefühle in den Griff zu bekommen, verstärkt man das ablehnende Verhalten des Kindes nur unnötig.

Das Fremdeln bezieht sich übrigens nicht nur auf Menschen. Auch gegenüber Gegenständen äußert sich jetzt Babys Mißtrauen. Der lustige Aufzieh-Hund aus Plüsch, den Papa ihm hinhält, weckt zwar einerseits seine Neugier. Andererseits flößt ihm das fremde Tier, das da unaufhaltsam und direkt auf es zugewackelt kommt, auch Angst ein. Die gemischten Gefühle machen Baby zu schaffen.

Aufmerksame Betrachter erkennen es daran: Die eine Hand des Kindes, meist die linke, also die sogenannte Gefühlshand, ist leicht erhoben, bereit, nach dem Spielzeug zu greifen. Die andere, die rechte Hand hingegen, hat das Kind zurückgezogen, vor seine Brust. Auch das Gesicht verrät Skepsis: Die Augenbrauen sind zusammengezogen, die Gesichtszüge sind schlaff, die Unterlippe hängt etwas, sprich unentschlossen. Das ganze Baby signalisiert: »Laßt mir etwas Zeit, das fremde Objekt zu beobachten.«

Langeweile

Bis eben hat Martin (neun Monate) ganz ruhig mitten in einem Haufen Spielzeug gesessen. Doch plötzlich »schimpft« er lauthals los. Tiefe senkrechte Falten zerfurchen seine Stirn, die Augen sind zu schmalen Strichen zusammengekniffen, die Mundwinkel zeigen jämmerlich weit nach unten. Dazu haut Martin das Auto, das er in der einen Hand hält, auf den Teppichboden.

Das ruft seine Mutter, die im Nachbarzimmer bügelt, auf den Plan. »Was ist passiert? Hast du dir wehgetan, kleiner Schatz?« ruft sie und schließt Martin in die Arme, worauf er sich schnell zu beruhigen scheint. Doch als die Mutter ihren Sohn wieder losläßt, weil sie sieht, daß ihm offensichtlich nichts zugestoßen ist, beginnt er von neuem zu heulen. Die Mutter ist ratlos. Erst, als sie die Schranktür öffnet, um Wäsche einzuräumen, ist Martin wieder ruhig. Er krabbelt der Mutter hinterher und beginnt, im untersten Schrankfach ein paar Socken zu »sortieren«.

Des Rätsels Lösung: Der Bub hatte schlicht und ergreifend Langeweile. Seiner Mutter war ein wichtiger Moment entgangen: Vor dem Wutausbruch waren seine Augen matt und starrten ins Leere. Sein Gesicht machte einen schläfrigen und teilnahmslosen Eindruck. Nicht nur die Wangen, der gesamte Oberkörper wirkte schlaff. Als Martin aus seiner Lethargie erwachte, sollte die Mama kommen und für neue Anregungen sorgen. Da sie sich trotz seines Schreiens weigerte, war er erst einmal sauer, bis er sich darauf besann, daß er selbst aktiv werden mußte.

Mit den Fähigkeiten wachsen die Ansprüche. Krabbelkinder brauchen ständig neue Anregungen. Ihr Spielzeug wird ihnen schnell fad, Langeweile zieht ein, das Kind wird mißgelaunt, etwas Neues muß geschehen. Eltern von Krabbelkindern fühlen sich durch die wachsenden Ansprüche ihrer Kinder schon mal überfordert. Sie wollen und können nicht ständig den Entertainer für ihr Kleines spielen. Langsam muß es lernen, daß es sich hin und wieder auch einmal selbst beschäftigen und selbst aus seiner Langeweile befreien muß. Manchen Eltern fällt es schwer, die richtige Balance zu finden, also ihrem Kind ausreichend Anregungen zu geben, es dabei aber nicht zu einem kleinen Tyrannen, der ständig unterhalten werden möchte, zu verziehen.

Wer nicht immer gleich aufspringt, wenn sein Kind quäkt, ihm mit ein bißchen Humor begegnet, wenn es quengelig und gelangweilt ist, wird es auf Dauer einfacher haben. So versteht beispielsweise schon ein Kind mit zehn, elf Monaten, wenn man ihm liebevoll zu verstehen gibt: »Ach komm, du Schlawiner, ich hab' dich durchschaut, dir ist nur langweilig. Aber ich hab' jetzt keine Zeit, um ständig mit dir zu spielen.« Manchmal genügt ja auch ein ganz einfaches Spiel wie das im nächsten Abschnitt beschriebene, um das Kind wieder in bessere Laune zu versetzen.

Geben und Nehmen

Ein sogenanntes soziales Spiel, mit dem das Kind meist Ende des ersten Lebensjahres beginnt. Dazu streckt es dem Erwachsenen ein Spielzeug hin, seinen Schnuller, ein Stück Obst oder dergleichen und lächelt ihn einladend an. Hat das Gegenüber das angebotene Stück genommen, hält das Kind seine Hand weiter ausgestreckt und beobachtet seinen »Mitspieler« freudig und gespannt: »Wie er wohl reagiert? Gibt er mir das angebotene Stück auch zurück?«, scheint es sich zu fragen. Die zweite, leere Hand signalisiert das wache Interesse des Kindes: Sie ist zwar untätig, aber sie hängt nicht etwa schlaff herunter, sondern liegt locker vor seiner Brust.

Mit diesem Spiel, das man übrigens auch wunderbar mit Hilfe von Lastautos, Kartons oder Eimerchen praktizieren kann (die Eltern füllen Spielsachen hinein, der Sprößling leert sie aus), geht es dem Kind nicht um die Sache an sich, sondern es macht folgenden Test: Es will herausfinden, ob sich sein Mitspieler so verhält, wie es das von ihm erwartet. Und ob er sich in der gewünschten Art und Weise beeinflussen läßt. Mit Wonne wird es registrieren, wenn der Erwachsene mitspielt, zur Abwechslung das Tempo variiert, also das Spielzeug mal ein bißchen zögerlicher, dann wieder ein bißchen schneller zurückgibt. Behält er das Spielzeug aber, wird das Kind entweder ungeduldig oder seine Stirn gar böse in Falten legen. Oder sich ganz schnell einer anderen Sache zuwenden.

»Mama, heb auf!«

Dies ist ein weiteres beliebtes Spiel von Babys, etwa ab dem zweiten Lebenshalbjahr. Sitzt das Kleine in seinem Hochstühlchen, wird es die Bauklötze, Kuscheltiere und Rasseln auf dem Tisch vor sich erst einmal gründlich untersuchen, von einer Hand in die andere geben, hin- und herbewegen, als wolle es die Beweglichkeit und das Gewicht dieser Sache genauer abschätzen. Doch plötzlich, »plumps«, landet das Objekt neben Babys Platz auf dem Boden. Heben Mama oder Papa das Spielzeug wieder auf, wird es bald wieder herunterfliegen. Was bei manchen Eltern erst für Unverständnis und dann für wachsende Ungeduld sorgt. Sie fragen sich, ob ihr Sprößling sein Spielzeug nicht mehr mag. Meist aber ist das Gegenteil der Fall!

Der Mini-Forscher ist wieder in Aktion: Frühestens ab dem sechsten Monat, eher jedoch ab dem siebten, achten entdeckt er, daß er nun Gegenstände willentlich greifen, wieder loslassen und recht gezielt auf eine bestimmte Stelle, also einmal links, einmal rechts vom Tisch auf den Boden fallen lassen kann. Ein Spiel, daß das Baby in den ersten Monaten nach dieser Entdeckung schier stundenlang beschäftigen kann. Jedes Spielzeug, und dazu können beispielsweise auch ungefährliche Küchengeräte wie Quirl, Schneebesen, Kochlöffel, Topfdeckel oder die leere Pappröhre einer Küchenpapierrolle dienen, wird mit Mund und Händen ausgiebig befühlt, auf den Tisch geklopft, in der Hand gewogen und schließlich auch »gehört«. Denn das Baby horcht auch ganz besonders aufmerksam, welche Geräusche die Objekte seiner Neugierde beim Aufschlagen auf den Boden machen. Denn jedes klingt anders.

Eltern berichten oft erstaunt, wie konzentriert ihr Baby bei diesem Spiel bei der Sache ist. Seine Augen, seine Ohren scheinen ganz darauf ausgerichtet zu sein. Da das Gedächtnis, die Merkfähigkeit eines Kindes dieser Altersstufe noch nicht so groß ist wie bei älteren, muß es diesen Vorgang mehrmals wiederholen, um die Eigenschaften verschiedener Gegenstände und Materialien zu erfassen und sie sich einzuprägen.

Während des Spiels werden einige Teile auch unter dem Tisch verschwinden. Im Alter von etwa neun Monaten entwickelt das Kind eine gewisse Merkfähigkeit, die ihm die Gewißheit gibt: Verschwindet ein Gegenstand aus seinem Blickfeld unter ein Möbelstück, dann gibt es ihn immer noch. Um zu überprüfen, ob seine Annahme richtig ist, muß die Mutter die verschwundenen Gegenstände unter dem Tisch hervorholen.

Aber das Spiel hat noch einen anderen Sinn. Es soll die Eltern aktivieren, sich mit ihrem Kind zu befassen. Der Ablauf ist typisch: Hat das Kleine alle Spielzeuge auf den Boden geworfen, ist der Tisch vor ihm leer, wird es ihnen erst einmal nachblicken, ihre »Landeplätze« mit den Augen aufspüren. Daraufhin wird es versuchen, Blickkontakt mit der Mutter aufzunehmen, ihr mit Hilfe der Augen und eines ausgestreckten

Fingers klarzumachen: »Das brauche ich. Bitte, heb mir das auf.« Reagiert sie nicht oder ist sie zu beschäftigt, um zu bemerken, was ihr Kleines will, wird es unruhig und mit angespanntem Gesicht in seinem Stühlchen hin- und herrutschen, mit den Ärmchen rudern, seinem Unmut und seiner Ungeduld schließlich auch akustisch Nachdruck verleihen. Handelt die Mutter nun endlich, wird es sich voller Freude und Eifer über die zurückeroberten Gegenstände hermachen (soweit es das Stühlchen zuläßt), um sie alsbald wieder gen Boden zu befördern.

Lassen sich Mutter oder Vater erneut ein auf das Spiel, hat dies einen doppelten Effekt: Ihr Kind lernt einiges über die Dinge in seiner kleinen Welt hinzu. Und es bekommt das Gefühl, etwas zu bewirken, indem es die Lage eines Gegenstandes verändert, dabei unter Umständen hübsch Krach macht und indem es einen anderen Menschen dazu bringt, etwas zu tun.

Entwicklungsforscher nennen dies ein frühes Machtspiel – wobei das Wort Macht positiv im Sinne von Kompetenz zu verstehen ist. Es ist ein kleiner, aber dennoch wichtiger Schritt des Babys in Richtung Ich- und Selbständig-Werden, dem Eltern sich ruhig einmal mit ein bißchen Zeit und Geduld widmen sollten.

»Schau mit an!«

Je mehr das Baby mit seinen Eltern unterwegs ist, desto mehr erlebt es, und desto mehr Hilfe braucht es, die Eindrücke und Informationen einzuordnen und zu verarbeiten. Vor allem eines ist dazu wichtig: die (körperliche) Nähe und Geborgenheit seiner Eltern. Diese verstehen sein Anliegen aber nicht immer (gleich).

Eine typische Situation, in der es darüber zu Mißverständnissen zwischen den Eltern und ihrem Sprößling kommt: Die Familie hat sich in der Stadt mit Freunden zum Einkaufsbummel getroffen. Die Mutter schiebt den Buggy mit Tochter Katharina durchs Menschengewühl, unterhält sich dabei angeregt mit ihrer Bekannten. Bis klein Katharina »lästig« wird: Erst dreht sich das Mädchen ständig zu Vater und Mutter um, dann versucht es, sich an der Rückenlehne des Buggys hochzuziehen und hinzustellen. Dabei sieht es seinen Eltern mit weit aufgesperrten Augen und geöffneten Mund ins Gesicht. Die aber drücken Katharina in den Sitz zurück. Teils erschreckt und besorgt, daß sie aus dem Wagen herauspurzeln könnte, teils, weil sie sich gestört fühlen. Doch das Mädchen protestiert laut und wütend und läßt sich nicht davon abbringen, immer wieder aufzustehen. Die Eltern sind wütend, glauben, ihr Kind sei bockig, wolle partout nicht gehorchen und ihnen den Ausflug vermiesen.

Dabei möchte Katharina nichts anderes, als daß die Eltern ihr für einen Moment ihre ungeteilte Aufmerksamkeit schenken, sie ins Gespräch einbeziehen. Nicht nur, daß das Gewühl der (im Verhältnis zu Katharinas Größe) riesigen Menschen angsteinflößend ist. Die Kleine kann auch noch nicht verstehen, was alles vor ihren Augen vorgeht. Die Eltern, und das ist Sinn und Zweck ihrer (Aufsteh-) Aktion, sollen ihr erklären, was Sache ist. Wenn sie ihre Tochter für ein paar Minuten aus dem Wagen nehmen, auf dem Arm tragen und sich mit ihr beschäftigen, wird sich Katharina wahrscheinlich bald beruhigt haben. Und fürs erste wieder in den Buggy setzen lassen.

»Ich will weg«

Immer weiter wird der Aktionsradius des kleinen Forschers, je besser die Koordination von Händen und Füßen klappt, je sicherer das Krabbeln und die Bemühungen werden, sich hochzuziehen und aufzurichten. Bei den Eltern auf dem Arm behagt es ihm jetzt selten länger als ein paar Minuten. Bald wird er unruhig, zappelig, dreht er sein Köpfchen weg auf der Suche nach neuen Anregungen und Zielen. Und wenn es ihm zu eng wird auf Papas Arm, dann drückt sich das Kleine von Papas Brust weg. Oder hängt sich seitlich über seinen Arm und verbiegt seinen Oberkörper gen Boden. Als wolle es ihm zu verstehen geben: »Laß mich bitte runter. Ich will hinaus in die weite Welt.«

Die Ausflüge über Flure und Korridore, auf dem Spielplatz oder der Wiese hinterm Haus werden weiter und weiter. Dabei müssen die Eltern jedoch nicht fürchten, daß sich ihr Kleines verläuft. Denn wie durch ein unsichtbares Gummiband sind sie mit ihm verbunden, so daß das Kind stets rechtzeitig innehält und nachsieht, ob Papa oder Mama noch da sind.

Gerade in der ersten Zeit ihrer neugewonnenen Selbständigkeit halten die Kleinen den Blickkontakt, während sie sich entfernen. Das Kind spielt sozusagen mit der neu erworbenen Fähigkeit, wegzugehen. Es übt, von Außenstehenden tatsächlich auch beobachtbar, das Hin und Her zwischen verschiedenen »Polen« ein: zwischen Vater oder Mutter, die ihm das Gefühl der Sicherheit geben – das »Bindungssystem«, wie es der amerikanische Babyforscher Daniel N. Stern nennt. Und seinem »Forscherdrang« nach aufregenden, interessanten neuen Dingen, die es bisher allein, im Sitzen nicht erreichen konnte. Erwidern die Eltern nun seinen suchenden Blick, lassen es dabei aber seine eigenen Wege gehen und halten es nicht durch Worte und Gebärden ab, dann verspürt das Kind Sicherheit und das Gefühl, wenn mir etwas passiert, dann sind sie schnell da und helfen mir.

Mit wachsender Beweglichkeit und Sicherheit wird das Kind nun testen, wie weit es krabbeln (also gehen) darf, wo seine Grenzen sind. Und eines Tages wird es erstmals wagen, aus dem Blickfeld seiner Mutter herauszukrabbeln. Die Erfahrung, dies zu wagen und den Rückweg und die Mutter wiederzufinden, sind ein entscheidender Fortschritt in die Selbständigkeit. Der bekannte Pantomime Samy Molcho formuliert es folgendermaßen: Es stärkt das Kompetenzgefühl des Kindes, sein Bewußtsein »Ich schaffe es auch allein!«

Eine ähnliche Funktion haben die Versteckspiele älterer Kinder. Je länger sich das Kind verborgen halten kann, in dem Wissen, Vater oder Mutter trotzdem wiederzufinden, desto stolzer und selbstsicherer wird es aus dem Spiel hervorgehen.

Auf zwei Beinen durchs Leben

Der erste Kontakt zu anderen Kindern

Die Neugier aufeinander, die Lust sich zu verbinden und zu verbünden, keimt weit früher und stärker im Kind, als man bisher dachte. Schon Babys beginnen sich für andere Lebewesen zu interessieren und auf sie zu reagieren. Die größte Faszination üben auf sie (neben den eigenen Eltern) gleichaltrige Kinder aus. Was sicherlich viel mit Faktoren wie ähnlicher (Kopf-)Größe, ähnlichem Aussehen und ähnlichem Kommunikationsverhalten zu tun hat. Hellgard Rauh, Psychologin an der Freien Universität Berlin, beobachtete, daß schon sechsmonatige Winzlinge die anderen in ihrer Babygruppe erkennen. Aber nicht nur das: Sie fühlen sich in diesem vertrauten Kreis auch sichtlich wohler als unter fremden Säuglingen.

Bereits Babys genießen also den Kontakt zu Gleichaltrigen. Kontakt heißt jedoch noch nicht gemeinsame Aktion. Einjährige spielen meist noch nebeneinander her. Hie und da nehmen sie zwar schon miteinander Kontakt auf, kurzzeitig zumindest: Sie patschen sich gegenseitig auf den Kopf und ins Gesicht, greifen dabei in Augen und Nase(nlöcher) oder nach dem Spielzeug des anderen. Und manches Krabbelkind reagiert nicht nur auf Mimik und Gesten von Erwachsenen. Verzieht der gleichaltrige Spielgefährte widerwillig oder böse das Gesicht, nimmt es ihm den Bauklotz unter Umständen doch nicht weg.

Sandkastenspiele

Im Laufe des zweiten Lebensjahres geht dann das bislang parallel verlaufende Spiel langsam in gemeinsame Aktivitäten über. Selten steigen die Kinder dabei direkt ins Spiel ein (das würde eher zu Abwehrverhalten und anschließendem Abbruch des Spiels führen), sondern meist verläuft die Kontaktaufnahme vorsichtig und tastend. Vor allem die Kleinen, die noch nicht sprechen können, nehmen Fühlung auf, indem sie das andere Kind erst einmal beobachten, wie es Sandburgen baut oder seine Lastautos durch den Sandkasten spazierenfährt. Schließlich werden sie es nachahmen und sich auf diese Art und Weise in sein Spiel einklinken. Oder sie bieten ihm ein Spielzeug von sich an, werben sozusagen durch ein attraktives Angebot um seine Gunst und Zuwendung. Nach und nach werden sie immer geschicktere Strategien entwickeln, sich potentiellen Spielgefährten anzunähern und zu empfehlen, auf ganz subtile Art und Weise in einem komplexen sozialen Lernprozeß.

Mein Spielzeug, dein Spielzeug

So nett und friedlich, wie Eltern sich das vorstellen, laufen die ersten Kontakt- und Spielversuche ihrer Kleinen nicht immer ab. Eine Ursache, weshalb es häufig zwischen Kindern zu Auseinandersetzungen kommt, ist die Wahrung von Besitztümern. Mit dem Trotzalter (zwischen dem zweiten und dritten Lebensjahr) bildet sich bereits eine Vorstellung vom Wörtchen »mein«, und Kleinkinder verteidigen ihren Besitz stürmisch und nach allen Kräften.

Das hindert sie allerdings kein Stück daran, einem anderen Kind sein Spielzeug wegzunehmen. Ein »dein« gibt es in solchen Situationen für sie nicht. Sie glauben einfach, dieses Ding gerade dringend zu brauchen. Kommt es zum Streit, geht es im Grunde weniger um das Objekt an sich, sondern in der Hauptsache darum, wer es behalten kann, also um Begriffe wie Macht, Besitz, Prestige oder um – Aufmerksamkeit. So provozieren beispielsweise ältere Geschwister, die Probleme damit haben, die Gunst der Eltern mit einem Kleineren zu teilen, Streitigkeiten um Spielzeug, um das Interesse der Eltern auf sich zu ziehen. Manchmal wollen sie einfach nur erreichen, daß auch mal der Jüngere eins auf den Deckel kriegt. Umgekehrt versuchen aber auch die Nachgeborenen, ihren »Baby-Bonus« auszunutzen.

Eine Möglichkeit, wie Eltern solche Auseinandersetzungen friedlich beilegen können, ist, ein Tauschgeschäft anzuzetteln. Ein Beispiel: Der fünfjährige Jörg spielt mit seinem neuen Traktor. Plötzlich spürt er Hannes, seinen zweijährigen Bruder im Rücken. Hannes hat sich direkt hinter ihn gesetzt und möchte jetzt auch unbedingt mit dem neuen Fahrzeug spielen. Jörg will nett zu ihm sein und gibt ihm den Traktor. Als er ihn nach ein paar Minuten zurückhaben will, rückt Hannes, der für sein Alter erstaunlich kräftig ist, ihn nicht mehr heraus. Der Vater muß schlichten.

Statt den Buben den Traktor wegzunehmen, schlägt er dem Älteren nun vor, ein Spielzeug zu finden, das den Jüngeren mindestens ebenso begeistert, wenn nicht mehr, und gegen den Traktor einzutauschen. Jörg hat auch eine Idee: Er bietet Hannes eine Spieldose an, auf der kleine Puppen tanzen, sobald man sie in Gang gesetzt hat. Und er hat Glück: Hannes geht auf den Handel ein.

Jörg strahlt übers ganze Gesicht, als er seinen Traktor wieder hat. Und als Hannes den Mechanismus durchschaut und betätigt, um die Spieldose anzuwerfen, ist auch er zufrieden: Glücklich gluckst er vor sich hin, während die Püppchen sich im Kreise drehen und die hübsche Melodie erklingt. Die angehobenen Ärmchen und vor allem die gespreizten Finger seiner linken (Gefühls-)Hand machen deutlich, wie stolz er ist, daß ihm das gelungen ist. Wie ein weit geöffneter Stern sehen die Finger aus. Eine Geste, die wir übrigens auch hin und wieder bei Erwachsenen antreffen können. Bei Zauberern zum Beispiel, nachdem sie erfolgreich ein Kunststück vorgeführt haben. Ihre eindrucksvolle Geste will sagen: »Seht her, ich hab's geschafft. Applaus, Applaus!«

Nur durch wiederholte Auseinandersetzungen, Kämpfe und das verständnisvolle Einwirken Erwachsener werden Kinder lernen, daß sie das Eigentum anderer nicht einfach wegnehmen oder kaputtmachen dürfen. Dazu gehört aber umgekehrt auch, daß andere ihr persönliches Eigentum respektieren. Eltern sollten sich deshalb hüten, Spielsachen oder andere geliebte Besitztümer eines Kindes einfach zu verschenken oder wegzuwerfen, etwa weil sie beschädigt oder nicht mehr altersgerecht sind. Besser ist, vorher stets erst die Genehmigung des Kindes einzuholen.

Kinder müssen streiten

Schrilles Kreischen, lautes Rumpeln, ein gellender Schrei: Im Kinderzimmer ist wieder mal die Hölle los. Als die Mutter nach dem Rechten guckt, sitzen Stephanie und Konstantin unter dem Hochbett und zerren an einer Tüte Gummibären. Die fünfjährige Stephanie hält krampfhaft das eine Ende fest, Lippen und Augenbrauen energisch zusammengekniffen. Der zweijährige Konstantin versucht mit wutverzerrtem rotem Gesicht, die Tüte ihrem Klammergriff zu entreißen. Dabei stampft er zornig mit dem rechten Fuß auf den Boden.

Als die Mutter ins Zimmer kommt, gucken beide Kinder sie hilfesuchend an. Beide fühlen sich im Recht, beide erwarten, daß die

Mutter den anderen in die Schranken weist. Damit sitzt die Mutter ganz schön in der Klemme: Wie soll sie gerecht entscheiden? Tatsache ist zwar: Die Gummibärchen gehören Konstantin, sein Patenonkel hat sie ihm geschenkt. Doch Stephanie wirft – zu Recht – wütend ein, daß er sie doch sowieso nicht alle alleine essen kann.

Trotzdem kassiert die Mutter, des Streits müde, schließlich die Gummibären ein und sperrt den Zankapfel erst mal weg. Eine salomonische Lösung? Das Geschimpfe im Kinderzimmer geht auch ohne die umstrittenen Süßigkeiten weiter. »Warum zanken meine zwei andauernd? Was soll ich bloß tun?« fragt sich die Mutter, der Verzweiflung nahe. Wäre es vielleicht besser, gleich alles doppelt zu kaufen, wie manche Eltern es praktizieren, um Streit zwischen Geschwistern zu vermeiden?

Das Problem ist, so wissen es leidgeprüfte Eltern und Erziehungsexperten, damit nicht aus der Welt. Kinder würden das doppelte Spielzeug, die doppelten Schleckereien bald links liegen lassen und sich anstelle dessen ein anderes Objekt suchen, um das neuer Streit entbrennt.

Denn, was Eltern in der Regel nicht verstehen: Kinder müssen streiten. Erstens sind sie noch von einem riesengroßen Ego beseelt, das kein freiwilliges Teilen kennt. Zweitens sind sie noch nicht dazu in der Lage, Unstimmigkeiten wie Erwachsene vernünftig und in aller Ruhe aus der Welt zu schaffen. Kinder müssen erst lernen, Konflikte beizulegen, sich gegenüber anderen zu behaupten oder aber auch einmal zurückzustecken. Die täglichen Kleinkämpfe im Kinderzimmer verschaffen ihnen das nötige Rüstzeug, um später in der Erwachsenenwelt bestehen zu können. Außerdem haben die Streitereien zwischen Kindern einen wichtigen Nebeneffekt: Sie tragen dazu bei, aufgestautem Ärger, Frust oder Eifersüchteleien Luft zu machen. Das ist sicherlich besser, als solche Gefühle ewig aufzustauen, wozu Erwachsene häufig neigen. Selbst wenn das dauernde Gezänk das Nervenkostüm der Eltern mitunter ziemlich strapaziert.

Auch Kinder kennen Mitgefühl

Nun soll hier aber nicht der Eindruck entstehen, kleine Kinder seien von Natur aus reine Ego-Monster, unfähig, sich in ihre Mitmenschen hineinzuversetzen und deren Gefühle, Bedürfnisse und Ansprüche zu verstehen und zu berücksichtigen. Wer Kinder kennt, weiß, sie sind (manchmal) besser als ihr Ruf.

Ganz gerührt erzählt die Mutter von einer Szene, die sie kürzlich im Kinderzimmer ihrer Söhne Max und Florian machte: Der vierjährige Florian war beim »Räuber-und-Schandi-Spielen« auf dem blankgewienerten Flur ausgerutscht und hatte sich eine Beule am Kopf geholt. Bitterlich weinend hatte er sich ins Kinderzimmer verzogen, wo sein zweijähriges Brüderchen saß. Das guckte beim Anblick des angeschlagenen Älteren erst fragend, dann verstört, um schließlich selbst in Tränen auszubrechen. »Mit einem Mal hielt der kleine Max dem Florian auch noch seinen Lieblings-Teddy hin – als ob er ihn trösten wollte«, berichtet die Mutter.

Ihre Beobachtung ist richtig. Max hat einen ersten Ansatz gezeigt, seinen geliebten Bruder zu trösten. Je mehr Kinder sich und andere als eigenständige Personen wahrnehmen, desto eher sind sie auch in der Lage, deren Gefühle nachzuempfinden. Etwa ab dem 15. Lebensmonat vollziehen Kinder einen weiteren Schritt: Sie lassen sich nicht nur von den Gefühlen anderer anstecken, sondern versuchen auch, Schmerz, Kummer oder Trauer zu lindern. Total rührend kann sein, wenn sie versuchen, Geschwister oder Eltern zu trösten, wenn sie streicheln und bedauern, den Schmerz wegpusten, aufmunternde Scherze erfinden oder den anderen durch Faxen zum Lachen zu bringen versuchen. Wieviel Einfühlungsvermögen und Phantasie sie dabei aufbringen, hängt nach Beobachtung des Schweizer Kinderarztes und Entwicklungsspezialisten Remo H. Largo vor allem vom Vorbild ihrer

Eltern ab. So prägt die Art und Weise, wie die Eltern bei sich und beim Kind mit Schmerz, Angst und Trauer umgehen, entscheidend mit, ob und wie ein Kind einem Menschen, der leidet oder traurig ist, zu helfen und ihn zu trösten vermag.

»Das bin ja ich!«

Ziemlich früh schon, mit wenigen Monaten, entdecken Kinder ihr Abbild im Spiegel. Es passiert von einem Tag auf den anderen: Plötzlich findet das Baby Interesse an seinem Spiegelbild und lächelt das fremde Konterfei, das es bis zu diesem Zeitpunkt völlig ignoriert hatte, freundlich an. Meist, wenn die Mutter sich im Spiegel betrachtet, das Kleine dabei auf dem Arm hat und mit ihm spricht.

Zuerst hält das Baby das Spiegelbild für ein anderes Kind, einen potentiellen Spielgefährten. Mit dem es, je älter es wird, um so aktiver und ausgeprägter Kontakt aufnehmen möchte. Dazu lacht es das Spiegelbild an, egal ob es auf einem Spiegel oder einer blank polierten Scheibe erscheint. Um den ersten Geburtstag herum wird es versuchen, das andere Kind mit den Händen, einem Nasenstüber, der Stirn zu berühren oder zu küssen. Es winkt ihm zu, plaudert mit ihm, hält ihm ein Spielzeug hin.

Aber selbst ältere Babys können noch nicht erkennen, daß es sich bei dem anderen Kind um ihr eigenes Abbild handelt. Erst gegen Ende des zweiten Lebensjahres (und bei manchen zu Anfang des dritten) setzt die Erkenntnis ein: »Das bin ja ich!« Die gewachsene Selbstwahrnehmung macht's möglich.

Der Umbruch deutet sich allerdings schon etliche Zeit vorher an. Beispielweise, indem dem Kind das Spiegelbild unheimlich wird, es sich bei seinem Anblick ganz offensichtlich fürchtet, sein Gesicht oder wahlweise den Spiegel wegdreht. Eine andere Möglichkeit: Das Kind unterzieht die Scheibe immer sorgfältigeren Prüfungen. Es sucht dahinter nach dem vermeintlich anderen Baby und ist erstaunt, daß es dort niemanden vorfindet. Es macht jede Menge Faxen, bewegt Kopf oder Hände mal schnell, mal langsam, spielt den Clown, schneidet Grimassen. Und verfolgt aufmerksam und voller Vergnügen, was da vor ihm im Spiegel passiert.

Nennt es eines Tages sein Konterfei beim Namen, haben die Eltern den endgültigen Beweis, daß das Kind sich im Spiegel erkennt. Sie können aber auch ganz spielerisch den sogenannten Rouge-Test machen, den amerikanische Wissenschaftler zu Forschungszwecken entwickelten: Dazu setzt man das Kind vor einen Spiegel und beobachtet seine Reaktionen auf das Spiegelbild. Anschließend lenkt man es durch irgendein Spiel vom Spiegel ab. Dabei tupft man dem Kind, ohne daß es das merkt, einen roten Farbklecks (Rouge, Lippenstift) auf die Wange oder Stirn. Anschließend setzt man sich erneut mit dem Kind vor den Spiegel.

Nun kann zweierlei passieren:

1. Das Kind registriert den roten Fleck nicht. Das heißt, es erkennt sein Spiegelbild noch nicht.
2. Das Kind stutzt, entdeckt verdutzt den Farbfleck im Spiegel und greift in seinem eigenen Gesicht danach. Das heißt, es weiß, daß es sich selbst im Spiegel sieht.

Das Kind hat damit einen beachtlichen Schritt vollzogen. Hat es sich selbst bisher nur durch den Kontakt und den Umgang mit anderen gefühlt, erkennt es mit dem Spiegelbild jetzt auch, wie seine Mitmenschen es sehen. Es nimmt wahr, daß es ein eigenständiges, von der Mutter körperlich getrenntes Wesen ist, ein zweiter Mensch, wie die Mutter mit einem Körper, einem Gesicht und einem Geschlecht. Überbewerten sollte man das Erkennen des Spiegelbildes jedoch nicht. Es stellt zwar eine Stufe zur Ich-Entwicklung dar, aber nur eine von mehreren. Denn das innere Bild der eigenen Person entwickelt sich in vielen kleinen Etappen.

»Das kann ich selber!«

Bis zu seinem ersten Geburtstag hat Moritz sich ganz selbstverständlich und ohne Murren füttern lassen. Doch plötzlich, von einem Tag auf den anderen, macht er Theater: Höchstens einen halben Teller, so seine Mutter, ißt er wie bisher. Ist der größte Hunger gestillt, greift er nach dem Löffel. Immer heftiger und entschlossener werden seine Versuche, ihn der Mutter abzunehmen. Bekommt er den Löffel nicht zu fassen, weigert er sich, weiter zu essen. Erst kneift er die Lippen zusammen, dann schüttelt er abweisend den Kopf oder beugt ihn weit hinter in den Nacken.

Schließlich schubst er verärgert seine Trinkflasche vom Tisch. Die Mutter ist mit ihrem Latein am Ende: »Er muß doch essen«, meint sie besorgt. Den Löffel will sie ihm jedoch nicht überlassen: »Er kommt damit noch nicht zurecht, sondern macht nur alles dreckig.«

Daß Babys im Alter von elf, zwölf Monaten den Löffel nehmen und selbst essen wollen, ist nichts Außergewöhnliches. Bei manchen ist die Motorik der Hände schon soweit ausgeprägt, daß sie den Löffel recht sicher zum Mund führen können. Andere hingegen lernen erst mit anderthalb Jahren, den Löffel selbst zum Mund zu führen.

Am Anfang heißt das allerdings noch lange nicht, daß das aufgeladene Essen dort auch unfallfrei landet. Dazu sind die erforderlichen Bewegungsabläufe viel zu kompliziert. Und die Mini-Forscher viel zu neugierig, Art und Beschaffenheit der Speise zu befühlen. Daß das zu Schmierereien führt, wahrscheinlich Boden, Tischtuch, Kleidung von Mutter und Kind etwas abbekommen, liegt auf der Hand. Aber auch hier gilt die Devise: Übung macht den Meister. Und wer seinem Kind die Lust am Essen und die Begeisterung am (Essen-)Lernen nicht verderben möchte, kommt nicht darum herum, ihm eines möglichst frühen Tages den Löffel zu überlassen. Zu wichtig ist es für das Kind, im Lauf der Zeit die wunderbare Erfahrung zu machen, daß es den Löffel ebenso sicher und geschickt wie die Erwachsenen zum Mund führen kann.

Auf einen unangenehmen und auf Dauer für beide Seiten frustrierenden Zweikampf um Löffel und Essen sollte man sich nicht einlassen. Experten raten Eltern zu folgendem Kompromiß: Lassen Sie es das Kind versuchen. Mit einem Lätzchen, das Brust und Arme bedeckt, und einer Plastikfolie, falls der Boden nicht abwischbar ist, werden schlimmere Verwüstungen vermieden. Geben Sie dem Kind einen eigenen Löffel und Teller. Bei den ersten Versuchen wird es noch nicht satt werden.

Wenn Sie einen zweiten Teller parat halten, können Sie zwischendurch zufüttern, sobald das Interesse am Löffel etwas nachgelassen hat und der Hunger überwiegt. Auf diese Weise fühlt das Kind sich nicht bedrängt. Wendet es sich Ihnen zu und führt den Löffel zu Ihrem Mund, so lassen Sie sich von ihm füttern, auch wenn etwas daneben geht. Je spielerischer die Eß-Versuche verlaufen, desto entspannter und fröhlicher sind Sie beide. Und um so schneller wird das Kind lernen, die Bewegungsabläufe zu beherrschen, die für das Löffeln notwendig sind. Zu den »Übungsmahlzeiten« sollte man sich auf jeden Fall ausreichend Zeit nehmen. Mit der Gabel allerdings wird es noch ein bißchen warten müssen. Damit zu essen ist noch schwieriger als mit dem Löffel. Kinder lernen das in der Regel erst zum Ende des zweiten Lebensjahres.

Lernen durch Nachahmung

Ähnlich steht es mit Tätigkeiten wie Selbst-die-Tür-Öffnen oder -Schließen, Sich-Kämmen, Sich-Ausziehen (eher als Sich-Anziehen), Selbst-die-Schnürsenkel-Binden oder bei beliebten Hilfsarbeiten im Haushalt, wie etwa dem Staubsaugen, Kehren und Plätzchenbacken zuzupacken. »Alleine, alleine« – ab einem gewissen Alter wollen Kinder sich das nicht mehr nehmen lassen. Und ihre Eltern sollten sie auch nach Möglichkeit gewähren lassen. Zwar werden solch komplizierte Bewegungsabläufe erst reibungslos und unfallfrei gelingen, wenn die Feinmotorik entsprechend ausgebildet ist, also zwischen dem zweiten und dem dritten Lebensjahr.

Aber auch hier zeigt die Praxis: Je mehr Möglichkeiten ein Kind hat, die entsprechenden Tätigkeiten auszuprobieren, um so schneller wird es sie beherrschen. Noch leichter fällt es ihm, wenn es durch spielerische Nachahmung lernen kann, die Eltern beispielsweise etwas vormachen, ohne allzu deutlich darauf hinzuweisen, und dem Kind den Freiraum lassen, es nun selbst zu versuchen. Gute Lehrmeister sind auch ältere Spielgefährten und Geschwister. Nicht umsonst entwickeln sich Nachgeborene in der Regel schneller als andere. Sind sie doch erwiesenermaßen im Vorteil: Sie haben besonders kindgerechte Vorbilder, die ihnen Anregungen geben und deren Verhalten sie imitieren können. Im geschwisterlichen Wettstreit bilden sich bestimmte Fähigkeiten ganz spielerisch und mit großem Spaß heraus.

Angst vor der eigenen Courage

Still und mit riesengroßen Augen verfolgt Mäxchen auf dem Spielplatz, was sich die größeren Jungs alles trauen. Als sie den Kleinen

Kleiner Mann ganz groß auf dem Segelboot – aber das Gesicht verrät deutlich Anspannung und Skepsis.

Aufregung und ein bißchen Angst lassen beim Reiter die Freude und den Spaß gar nicht richtig deutlich werden – und seine etwas ältere Begleiterin läßt unzweifelhaft erkennen, daß sie sich ihrer Verantwortung bewußt ist.

Du hast ein Eis in der Hand? Ich will auch! Und weil mir die Worte fehlen …

.... mache ich auf andere Weise deutlich, wonach mir der Sinn steht.

auffordern mitzumachen, eifert er ihnen nach: Wie sie versucht er, das hohe Klettergerüst zu erklimmen, ins Baumhaus hochzukraxeln, auf der Baustelle über eine große Pfütze zu hüpfen. Der Zweieinhalbjährige hat zwar zuerst merklich Respekt vor diesen Herausforderungen. Aber der Reiz, die Schwierigkeiten zu überwinden und es den »Großen« nachzumachen, ist groß. Er gibt sich einen Ruck und hüpft.

Natürlich sackt so manchem Erwachsenen das Herz in die Hose, wenn er beobachtet, was sein Kind sich traut. Viele Eltern, vor allem die Mütter, werden in Situationen wie den oben beschriebenen einzugreifen versuchen, weil sie denken, daß Abenteuer wie diese noch viel zu gefährlich für ihr Kind sind. Doch sie sollten besser erst einschreiten, wenn ihre Hilfe wirklich nötig ist. Denn Kinder in Mäxchens Alter wissen meist schon ganz gut, welche Herausforderungen sie meistern können. Und haben gleichzeitig soviel Angst vor der eigenen Courage, daß sie Hindernisse, die noch zu hoch für sie sind, ganz von alleine meiden. Haben sie ihre Fähigkeiten trotzdem einmal überschätzt, dann werden sie die Eltern schon um Hilfe rufen. Beispielsweise, wenn Max aufs Klettergerüst gestiegen ist, nun aber nicht mehr herunterkommt. Ein ängstlicher Blick nach unten, ein zögerlicher Fuß, der sich nicht dazu entschließen kann, die nächste Sprosse nach unten zu nehmen, ist das Signal für die Eltern. Oft genügt es dann schon, wenn die Eltern dem Kind auf die nächste Sprosse helfen. Es wird versuchen, von dort aus selbst (»Alleine, alleine!«) seinen Weg zu machen. Die Eltern sollten ihm diese Freiheit möglichst auch lassen. Denn nur dann kann das Kind so etwas wie ein inneres Frühwarnsystem aufbauen, mittels dem es erkennt, wie weit es selbst schon gehen kann, bzw. wo es besser stoppt und sich helfen läßt.

Hat es diese Fähigkeit entwickelt, wird es seine Abenteuer künftig Schritt für Schritt ausdehnen, sich an neue Hürden und Herausforderungen – auch für Außenstehende beobachtbar – herantasten, seinen gewachsenen Fertigkeiten entsprechend. Stürzen die Eltern jedoch schon bei der kleinsten möglichen Gefahr herbei, nehmen sie ihrem Kind die Chance, sich selbst zu erkunden und das nötige Frühwarnsystem zu bilden. Auf Dauer wird es sich angesichts Herausforderungen stets von Anfang an inkompetent und unsicher fühlen.

Allerdings hat es umgekehrt auch keinen Sinn, ein Kind mit eher zögerlichem, ängstlichem Temperament ständig aufzumuntern oder gar ungeduldig anzustacheln, sich mehr zuzutrauen (ein Verhalten, zu dem manche Väter neigen). Damit setzt man sein Kind nur unnötig unter Druck und erzeugt Frust.

»Hör mir halt zu!«

Der zweieinvierteljährige Axel und sein Vater spielen mit Bauklötzen, bauen Häuser und Türme. Der Vater unterhält sich mit seinem Sohnemann über die verschiedenen Klötzchen, ihre Form und was sie darstellen sollen. Schließlich hält er Axel einen Stein hin, auf dem eine (Kirchturm-)Uhr abgebildet ist und fragt ihn nach dem passenden Wort.

»Min, min«, stammelt der nach einigem Überlegen und Zögern. Und kassiert dafür das Mißfallen und Unverständnis seines Vaters: »Daß du dir das nie merkst. Ich habe dir doch schon hundertmal erklärt, das ist eine Uhr! Komm, sag's mir nach.«

Doch Axel mag nicht. Er runzelt die Stirn, guckt zu Boden, stemmt die Arme in die Seiten, wetzt unruhig mit den Füßen hin und her. Statt es dem Vater nachzutun, wiederholt er jetzt noch mal sein »Min, min« und klatscht sich mit der Handfläche vor die Stirn, als wolle er sagen: »Bist du so dumm? Oder willst du mich nicht verstehen?«

Was er seinem Vater mitteilen möchte: Das richtige Wort will mir zwar gerade nicht einfallen. Aber glaube mir, normalerweise weiß ich es, denn ich spiele ja jeden Tag zusammen mit »Min« (= Yasmin, seine Spielgefährtin) mit den Klötzchen.

Als der Vater ihn wieder und wieder auffordert, ihm das Wort nachzusprechen, dreht Axel sich schließlich zur Seite weg und kramt ein anderes Spiel hervor. Ein deutliches Signal, der Vater solle ihn in Ruhe lassen. Denn Belehrungen oder Korrekturen können Kinder gar nicht vertragen, wenn sie in einer gewissen Phase des Sprechen-Lernens sind.

Ihr Dilemma: Was sie wissen, verstehen und ausdrücken möchten, ist ungleich viel mehr, als was sie bereits mit den (richtigen) Worten der Erwachsenen benennen können. Dieses Nicht-können-wie-sie-Wollen hat unterschiedliche Konsequenzen (ähnlich wie in der Phase kurz vor den ersten eigenen Schritten): Manche Kinder reagieren wütend, andere schier beleidigt. Da helfen nur Geduld und Einfühlungsvermögen weiter. Sprachforscher raten, Kinder erst einmal reden zu lassen, wie ihnen der Schnabel gewachsen ist – mit allen Fehlern und grammatikalischen Unregelmäßigkeiten. Nach dem Motto: Lieber erst mal so, als daß das Kind den Mut verliert und es gar nicht weiter probiert. Danach kann man seinen Satz nochmal aufgreifen und wiederholen, diesmal mit den richtigen Worten oder Formulierungen, aber bitte ohne einen belehrenden Fingerzeig.

Die Macht der Gefühle

In der Sprech-Lern-Phase interessieren sich Eltern in der Regel vor allem dafür, was ihr Kind sagen möchte. Der Inhalt ist ihnen wichtig. Selten achten sie dagegen darauf, wie es ihnen etwas mitteilt. Dabei kommt leider häufig zu kurz, welche Botschaft hinter einer Aussage steckt: die Gefühle des Kindes nämlich. Diese sind jedoch von großer

Bedeutung, denn Kinder sind in ihrer Gefühlswelt sehr viel stärker verhaftet als die meisten Erwachsenen.

Eine typische Situation, die diese Diskrepanz zwischen dem Verständnis der Erwachsenen und dem Erleben eines Kindes deutlich macht: Eine Familie geht spazieren, das Kind läuft voraus. Plötzlich macht es kehrt, stürzt aufgeregt auf die Eltern zu, die sich gerade angeregt miteinander unterhalten. Das Kind möchte ihnen dringend etwas sagen. Ganz wepsig zappelt es mit Händen und Füßen. Die Eltern verstehen es nicht.

Mit einem aufmunternden, vielleicht aber auch etwas ungeduldigen »Beruhige dich doch erst mal!« wollen sie es auf den Boden zurückholen. Die Konsequenz: Das Kind sagt gar nichts mehr, läßt statt dessen Kopf und Schultern hängen. Vielleicht tritt es auch noch mit einem Fuß, als kicke es einen imaginären Stein vom Weg. Eine Art Ersatzhandlung: Unbewußt würde es jetzt am liebsten seine Eltern wegkicken. Oder es dreht sich impulsiv von seinen Eltern weg und läuft wieder fort.

Ganz verständlich, denn es fühlt sich von ihnen ausgebremst. Statt an seinen Gefühlen teilzuhaben, haben sie diese einfach ignoriert. Die einfache Frage, »Was ist los? Du bist ja ganz aufgeregt« hätte ihm schon genügt. Das Kind hätte sich verstanden gefühlt und in seinen Gefühlen bestärkt. So aber haben sie ihm den Wind aus den Segeln genommen. Es hat keine Veranlassung mehr, sich ihnen mitzuteilen.

Die Sache mit dem Trotz

Es passiert im Supermarkt. Als die zweijährige Carolin mit ihrer Mutter an der Kasse zum Zahlen ansteht, will sie unbedingt ein Eis – wie der Mann hinter ihr in der Warteschlange. Als die Mutter ihr keines kaufen möchte (»Wenn wir heimkommen, gibt es Mittagessen!«), wirft sich die Kleine urplötzlich auf den Boden, schlägt mit Armen und Beinen um sich und schreit wie am Spieß. Die Mutter erstarrt vor Schreck: Das hat Carolin ja noch nie gemacht! Die Leute hinter ihr gucken, als ob sie sagen wollten: »Warum gönnen Sie Ihrer Tochter das Eis denn nicht?« oder »Schlecht erzogen, das verwöhnte Ding!« Wie peinlich! Am liebsten würde die Mutter vor Scham im Boden versinken.

Die Szene im Supermarkt ist nur der Anfang. »Habenwollen« ist jetzt Carolins Lieblingswort. Und wenn sie sich mal gerade nicht vor Wut auf den Boden wirft oder einen Heulanfall bekommt, zieht die Kleine eine »Flunsch«, wie die Norddeutschen sagen, oder »sie schmollt«, wie es bei den Bayern heißt: die Oberlippe ist eingezogen, die Unterlippe weit vorgeschoben, der Blick gen Boden gesenkt, die Hände werden vor die Augen oder Ohren gehalten oder hinter dem Rücken versteckt, als wolle Carolin bestimmte Dinge nicht hören und nicht sehen. Was hat bloß das einstmals so ausgeglichene, freundliche Kind zur Nervensäge gemacht?

Des Rätsels Lösung: Die Zweijährige »trotzt«. Das heißt, sie steckt in einer wichtigen Entwicklungsphase, die ihre Eltern in den kommenden Monaten auf so manche Nerven- und Geduldsprobe stellen wird. Durch ständiges Handeln und Ausprobieren entdeckt das Kind immer mehr in seiner kleinen Welt. Fasziniert von der Möglichkeit, eine Lampe zum Leuchten zu bringen, knipst es nun jeden Schalter an, aus, an, aus. Keine Tür, kein Elektrogerät, kein Wasserhahn ist jetzt noch vor ihm sicher. Was es vor sich sieht, will es anfassen, betätigen oder für sich haben.

Im Unterschied zu vorher will es seine Bedürfnisse nun selbst durchsetzen und nicht mehr darauf warten, daß die Eltern ihm helfen. Dabei legt es eine erstaunliche Kreativität und Beobachtungsgabe an den Tag. Aber häufiger muß es nun auch die schmerzliche Erfahrung machen, daß nicht alles nach seinem Willen geht, sondern daß sich ihm manches verweigert. Und zwar nicht nur Menschen (wie die Mutter im Supermarkt), sondern auch Sachen, die nicht in seinem Sinne funktionieren wollen.

Verbote stets begründen

Wie sollen Eltern auf die Trotzanfälle ihres Sprößlings reagieren? Sie können versuchen, ihr Kind zu beruhigen, indem sie es auf den Arm nehmen, streicheln, ihm gut zureden und erklären, aus welchem Grund sie ihm eine bestimmte Sache nicht durchgehen lassen. Was leider selten klappt, sondern nach Erfahrung vieler Eltern die Trotzanfälle eher noch steigert und verlängert. Geben Eltern ihrem Kind nach, laufen sie Gefahr, daß es Trotzreaktionen künftig als Mittel zum Zweck verwendet, um seinen Willen durchzusetzen. Das heißt, Eltern müßten noch häufiger mit Szenen wie der oben beschriebenen rechnen.

Die sinnvollste Alternative: beim Kind bleiben, aber nicht eingreifen, sondern einfach abwarten, bis der Anfall vorüber ist, das Kind sich von alleine beruhigt hat. Damit signalisiert man ihm einerseits, daß man zu ihm steht, daß man es nicht straft und nicht alleine läßt, aber andererseits eben auch, daß man seinem Willen nicht nachgibt.

Ganz wichtig ist außerdem: Sprechen Eltern Verbote oder Gebote aus, so sollten sie diese stets auch begründen, damit das Kind den Grund erkennen kann, weshalb es gewisse Dinge zu unterlassen hat. Ein plausibles Argument wäre beispielsweise, daß das Kind eine bestimmte Handreichung einfach noch nicht schafft. Erklärt man ihm dies, dann ist das momentane Verbot mit der positiven Aussicht verknüpft, der Aufgabe eines Tages gewachsen zu sein. Verbote, die nur mit einem »Basta!« oder »Du machst das nicht, weil ich das sage!« argumentieren, werten das Kind dagegen ab, sind demütigend. Noch schlimmer ist der offene Liebesentzug, wenn Eltern also ihr trotzendes Kind wegschicken (»Geh auf dein Zimmer und komm erst wieder, wenn du dich beruhigt hast!«). Das Kind wird sich nicht nur unverstanden, sondern auch ungeliebt fühlen.

Noch etwas zum Thema »Haben-Wollen«: Kinder können unglaublich hartnäckig sein, wenn sie sich eine bestimmte Sache in den Kopf setzen. Trotzdem müssen Eltern Grenzen setzen, wenn ihre Wohnung nicht bald von Spielzeug überquellen soll, das zudem oft schon Stunden nach dem Kauf wieder uninteressant geworden ist. Ein absolutes »Nein« regt dabei allerdings eher Widerstand und Widerspruchsgeist.

Was tun? So trivial es vielleicht klingen mag: Manchmal hilft schon, mit dem Kind ausführlich über das Objekt der Begierde zu reden. Ein Beispiel: Sabine bleibt im Kaufhaus wie angewurzelt vor einer Babypuppe stehen. Die will sie, so eine hat die Nachbarstochter auch. Ihre Mutter möchte ihr die Puppe aber nicht kaufen, weil sie ihr erstens zu teuer ist, und weil zweitens zum baldigen Geburtstag von Sabine bereits ein neues Dreirad im Keller steht. Als Ausweg fällt ihr die Ausrede ein: »Im Spielzeugladen xy hab' ich eine viel tollere Puppe gesehen, die auch Trinken und Singen kann. Die schauen wir morgen ganz bestimmt an.« Auf dem Nachhauseweg wägen Mutter und Tochter ausführlich das Für und Wider beider Puppen ab. Und Sabine ist fürs erste besänftigt, weil die Mutter ihren Wunsch nicht einfach abgetan, sondern ernstgenommen hat.

All diese Verhaltensregeln angesichts der oft verständnislosen Reaktionen der Umwelt (siehe Murren in der Warteschlange!) durchzuhalten, ist sicherlich nicht einfach. Doch es wird dazu führen, daß das Kind am ehesten wieder die Kontrolle über seine Gefühle erhält. Denn eines muß es lernen, und darum kommen weder es noch seine Eltern herum: alleine mit den immer wiederkehrenden Frust-Erlebnissen fertig zu werden.

Häufigkeit und Ausmaß der Trotzreaktionen fallen von Kind zu Kind unterschiedlich aus. Bei manchen Kinder halten sie sich recht in Grenzen, andere hingegen steigern sich in wilde Heul- und Weinkrämpfe hinein. Das eine wie das andere ist normal. Sorgen müssen sich Eltern nur machen, wenn ihr Kind überhaupt keinerlei Trotzreaktionen zeigt, denn das könnte heißen, ein unabdingbarer Schritt auf dem Weg zum »Ich« wäre blockiert. In diesem Fall sollten sie sich mit ihrem Kinderarzt oder einem entsprechend geschulten Psychologen beraten.

Dennoch sind Kinder nicht von Haus aus »kleine Teufel«, also boshaft, launisch oder aggressiv, wie es manchmal von Erwachsenen zu hören ist. Im Gegenteil sind sie immer wieder bemüht, um die Sympathie von Eltern und anderen Erwachsenen, von denen sie abhängig sind, zu buhlen. Kinder wollen gefallen, wollen geliebt werden. Schon Ein- bis Zweijährige legen dazu so etwas wie ein frühes Flirtverhalten (das natürlich ganz harmlos und ohne jegliche Hintergedanken ist) an den Tag: Einladend wird dem Gegenüber das Ärmchen mit nach oben gekehrter offener Hand hingestreckt (»Schau her, ich bin ›unbewaffnet‹, ich tu' dir also nichts!«), das Köpfchen wird schräg gehalten, ein schelmisches Lächeln mit einem übertriebenen Blinzeln der Augen (sie sind schon fast zugekniffen) garniert. Die Botschaft der kleinen Clowns heißt: »Hallo, lach doch mal. Du mußt mich einfach gern haben, kannst mir nicht böse sein!«

»Mama, Arm!«

Ganz typisch für die Trotzphase (bis zum Ende des dritten Lebensjahres) ist auch folgende Verhaltensweise: x-mal am Tag kommt das Kind angerannt, um zu schauen, ob seine Eltern noch da sind. Immer wieder streckt es seine Ärmchen aus, schaut nach oben, dem Erwachsenen ins Gesicht und will hochgenommen werden. Meist hält es aber nur kurze Zeit auf dem Arm aus, dann sucht es wieder das Weite. Es wollte nur kurz die vertraute Nähe spüren, sich der andauernden Zuneigung seiner Eltern versichern.

Manche Kinder haben in dieser Phase auch einen ständigen Begleiter. Das heißt, sie schleppen stets ein bestimmtes Plüschtier, eine alte Windel, eine Schmusedecke (wie Linus von den »Peanuts«) oder ein anderes weiches Spielzeug mit sich herum, das angenehm vertraut riecht, entweder nach ihnen selbst oder nach der Mutter. Diese Gegenstände helfen ihnen über die Angst beim Einschlafen hinweg, wenn sie gerade mal traurig sind oder sich unbehaglich fühlen. Experten nennen sie ein »Übergangsobjekt«, es dient sozusagen als Elternersatz. Man sollte einem Kind solch ein Schmuseteil nicht ohne zwingende Notwendigkeit wegnehmen oder aus hygienischen Gründen waschen (sonst verliert es für einige Tage den typischen Geruch!). Eines Tages wird das Kind es sowieso nicht mehr brauchen und einfach links liegenlassen.

Furcht im Dunkeln

»Kommt uns gar nicht in die Tüte, daß das Kind bei uns im Bett schläft«, hatten Pauls Eltern stets beteuert. Doch nun ist es soweit. Der Anderthalbjährige, als Baby ein Musterbeispiel in Sachen Ein- und Durchschlafen, läßt seine Eltern plötzlich nach dem Gute-Nacht-Bussi nicht mehr aus dem Zimmer. Oder: Er wacht mitten in der Nacht auf, steht senkrecht mit angstverzerrtem Gesicht im Bett, klammert sich an die Gitterstäbe und schreit Zeter und Mordio. Die Eltern können ihn nur beruhigen, indem sie ihn für den Rest der Nacht zu sich ins Bett holen. Was Pauls Eltern nicht nur schlaflose Stunden, sondern auch beträchtliches Kopfzerbrechen bereitet. Sie sorgen sich, daß das die nächsten Monate oder gar Jahre anhalten könnte. Die Ratschläge der Großeltern (»Schreienlassen, sonst schläft der Bub nie wieder in seinem eigenen Bett!«) helfen ihnen kein Stück weiter.

Schreienlassen, so die Erfahrung von Experten, verschlimmert die Sache meistens nur. Weil anschließend die ganze Familie wach und das Kind außer sich und total verstört ist. Häufig hilft tatsächlich nur eines: Dem Kind die Wärme und Nähe zu geben, die es sucht. Tröstlich ist die Erfahrung, daß die Schlafprobleme meist nur Sache von ein paar Wochen sind.

Ursache ist die allmähliche Loslösung des Kindes von den Eltern im zweiten Lebensjahr. Das Wechselspiel von Selbständig-werden-Wollen, gleichzeitig aber immer wieder die Geborgenheit-der-Eltern-Suchen äußert sich jetzt auch nachts. Das Kind steht unter ungeheurem Druck: Sein wachsender Bewegungsradius sorgt tagsüber für eine Vielzahl von Erlebnissen, Erfolgen und Frustrationen, seine Erfahrungswelt, seine Phantasie und Einbildungskraft entwickeln sich in rasantem Tempo. Um dies alles verkraften zu können, braucht es den Rückhalt der Eltern. Seine Trennungs- und Verlassenheitsängste verschwinden aber genauso schnell wieder, wie sie gekommen sind.
Unter Umständen steckt aber auch etwas anderes dahinter, der sogenannte *Pavor nocturnus*, wie die Mediziner nächtliche Angstzustände nennen, die zwischen der ersten und der dritten Stunde nach dem Einschlafen auftreten. Eine ganz normale Sache in einer bestimmten Entwicklungsphase. Symptomatisch ist, daß das Kind zwar die Augen weit aufgerissen hat, dabei aber nicht wach wird/ aufzuwecken ist. Es ist verschwitzt, atmet schnell, hat einen hohen Puls und erkennt seine Eltern oft nicht, was sie beim ersten Mal natürlich sehr erschreckt.
Das Kind läßt sich weder durch Streicheln noch durch gute Worte beruhigen, im Gegenteil, das regt es nur weiter auf. Trotz allem müssen

die Eltern sich nicht übermäßig sorgen: In der Regel hört ihr Kind nach mehreren Minuten von alleine auf zu schreien und fällt schnell wieder in den Schlaf. Der Grund für das merkwürdige Verhalten: Das Kind wacht nur unvollständig aus der tiefsten Phase des Schlafs auf, ist verwirrt.

Etwa ein Drittel aller Kinder zwischen dem zweiten und siebten Lebensjahr können nach Schätzung von Experten solche nächtlichen Angstzustände haben. Bei den meisten treten sie allerdings nur sporadisch, also alle paar Monate einmal, auf. Auslöser können aufregende Erlebnisse während des vorangegangenen Tages, wie ein ereignisreicher Kindergeburtstag, ein Ausflug, ein Besuch auf dem Jahrmarkt oder ein heftiger Streit innerhalb der Familie, sein. Das Kind war nicht in der Lage, die außergewöhnlich starken Reize zu verarbeiten. Wird der Sprößling allerdings regelmäßig von solchen Angstattacken geplagt und ist er auch tagsüber verängstigt und bedrückt, rät der Schweizer Kinderarzt und Entwicklungsspezialist Remo H. Largo den Eltern, fachliche Hilfe heranzuziehen.

Die Welt erobern zwischen drei und sechs

Ich und die anderen

»Mag nicht.« Unwillig, ja gar heftig stößt die dreijährige Ronja ihren Vater weg, der gerade mit ihr schmusen wollte. Auch das bis dato obligatorische »Gute-Morgen-« oder Abschieds-Busserl verweigert sie ihm nun. Demonstrativ dreht sie ihr Köpfchen weg. Der Vater, eine kleine Schmuserin gewöhnt, versteht nicht, was seine Tochter mit einem Mal gegen ihn hat.

Der kleine Fabian wird von seinen Eltern recht freizügig erzogen. Nacktsein ist etwas ganz Normales im Kreis der Familie. Das scheint der Dreieinhalbjährige jedoch plötzlich nicht mehr so zu sehen. Von einem Tag auf den anderen reagiert er »gschamig«, wie der Bayer sagt: Er mag trotz der hochsommerlichen Hitze nicht mehr wie die Großen ohne Unterhosen rumlaufen, weder im blickgeschützten Garten noch im Haus. Den Eltern mißfällt die neue Schamhaftigkeit, sie bedrängen Fabian, die Hose wieder auszuziehen: »Komm, die anderen haben sich auch nicht so ...«

Vorsicht! Beide Kinder, Ronja wie Fabian, geben ihren Eltern etwas ganz Wichtiges zu verstehen. Ihre Botschaft lautet: Das ist mein Körper, meine Haut. Die gehört mir, ist mein Eigentum. Wer mich anfassen darf, das bestimme ganz alleine ich! Eltern, Verwandte,

Freunde und Geschwister sollten diesen neu formulierten Anspruch unbedingt respektieren. Denn wer seinem Kind vermitteln möchte, daß es andere Menschen achten muß, ihnen nicht wehtun, sie nicht verletzen darf, muß selbstverständlich auch ihm das Recht auf körperliche Unversehrtheit zugestehen.

Diese körperliche Unversehrtheit ist dem Kind jetzt besonders kostbar, hat es doch einen entscheidenden Schritt in seiner Entwicklung gemacht: nämlich die Erkenntnis gewonnen, daß es ein eigenständiges, in körperlichem Sinne von anderen Menschen unabhängiges Wesen ist (vergleiche dazu den Abschnitt »Das bin ja ich!« im vorherigen Kapitel »Auf zwei Beinen durchs Leben«). Ein Wesen, das sich künftig gegenüber anderen abgrenzen und unbewußt eine Art Schutzzone um sich herum verteidigen wird, den sogenannten Intimbereich (zirka 30 Zentimeter).

Uns Erwachsenen ist dieser Intimbereich so vertraut, daß wir uns seiner immer erst von neuem vergegenwärtigen müssen. Nehmen wir dazu folgendes Beispiel: Zwei Bekannte sitzen sich in einem Restaurant gegenüber, an einem »Katzentisch« in einer Ecke, sehr beengt also. Obwohl sie sich gut kennen und mögen, werden die beiden den ganzen Abend lang ungemütlich auf ihren Stühlen hin- und herrutschen, immer wieder versuchen, ihren Stuhl noch ein Stückchen vom Tisch – und vor allem von ihrem Gegenüber – abzurücken, um ihre persönliche Schutzzone wiederzuerlangen und zu stabilisieren.

Dieses Verhalten, das die Wissenschaft *Territorialverhalten* nennt, ist uns angeboren, eine ganz normale Sache also. Schon das Baby wird danach trachten, sein Territorium zu schützen, in seinem Fall den eigenen Körper. Als nichts anderes sind beispielsweise seine verzweifelten Versuche zu werten, die Mutter zu hindern, es zum Essen zu zwingen. Denn wenn es nicht essen oder trinken will, stellt jeder Fütterversuch für das Baby eine Bedrohung dar. Wird seine Weigerung nicht akzeptiert, führt das zu Aggression. Irgendwann schreit oder weint das Baby unweigerlich, oder es schlägt der Mutter den Löffel aus der Hand. Die Entdeckung des eigenen Körpers, der eigenen Persönlichkeit bei Dreijährigen ist die natürliche, zwangsläufige Fortführung dieses Verhaltens auf einer höheren Bewußtseinsstufe.

Bis hierher und nicht weiter

Bricht nun jemand in das Territorium des Kindes ein, nimmt ihm beispielsweise ein Spielzeug weg oder rempelt es provozierend an, dann hat es zwei Möglichkeiten: Aggression oder Rückzug, also Kampf oder Flucht, je nachdem ob der Gegner ihm körperlich unter- oder überlegen ist.

Entscheidet es sich für die Vorwärtsverteidigung, wird dies nicht anders aussehen als bei Erwachsenen. Die Signale für Aggression sind nach den Worten des bekannten Pantomimen Samy Molcho gleich: Das Kind hebt den Kopf, so daß er in gerader Linie zum Körper steht, der Nacken ist steif. Es fixiert den Gegner, schaut ihm direkt ins Gesicht. Die Hände sind zu Fäusten geballt, die Arme leicht vom Körper weggespreizt, als wolle das Kerlchen gleich ausholen. Dabei steht es mit breiten Beinen fest und sprungbereit auf dem Boden, so als ziehe es einen Teil seiner Kraft aus der Erde unter ihm. Am deutlichsten zeichnet die Aggression aber das Gesicht: Die Augenbrauen sind zusammengekniffen, die Lippen entschlossen aufeinandergepreßt.

Ist dem Kerlchen hingegen nach Flucht oder Rückzug, wird es die Schultern oder Hände eher hängen lassen, die Muskulatur (auch im Gesicht) ist weniger angespannt, das Kind hat die Schultern angehoben, dreht den Kopf vorsichtig von einer Seite auf die andere, seine Umgebung prüfend, nach Hilfe suchend. Außerdem hat es seine Füße nahe beinander, damit es jederzeit davonlaufen kann.

Erste Spielkameraden

Mit drei, vier Jahren beginnt sich der Sprößling vermehrt für andere Kinder zu interessieren, erste Freundschaften zu knüpfen, sich Kindercliquen anzuschließen. Je jünger die Mitglieder sind, desto eher werden sie dabei Anschluß an ältere Kinder suchen, von denen sie profitieren, sich etwas abgucken können. Kontakt knüpfen sie, indem sie langsam Fühlung aufnehmen, den anderen erst einmal beobachten, darum herumstreichen, um schließlich dessen Spiel zu imitieren, sich langsam einzuklinken.

Als Alternative können sie dem potentiellen Spielkameraden auch ein eigenes, attraktives Spielzeug anbieten – als Visitenkarte (»Schau, was ich Tolles hab'«) sowie als Köder für seine Gunst. Einen direkten Einstieg ins Spiel werden Kinder in der Regel vermeiden. Denn frühzeitig haben die meisten Kinder das ungeschriebene Gesetz kapiert: Wer sich anderen zu schnell, zu direkt, zu plump annähert, der hat schlechte Karten und bleibt in der Regel außen vor.

Eine weitere goldene Regel lautet (zumindest im Kindergartenalter): Der Stärkere siegt. Boß der Kinderclique wird deshalb anfangs immer der Stärkste, Größte, Schnellste, Unerschrockenste, derjenige, der sich gegenüber den anderen am besten behaupten, der andere von ihrem Platz stoßen kann. An ihm, so beschreibt es Samy Molcho, werden sich die restlichen Gruppenmitglieder orientieren, um seine Sympathie werden sie buhlen.

Wer eine Kinder-Truppe beobachtet, wird schnell an der Körpersprache erkennen, wer hier der Boß ist: Mit ihm suchen die anderen

Gruppenmitglieder am häufigsten Blickkontakt. Sie wollen sich seiner Zustimmung versichern, sein Interesse auf sich lenken. Und schlimm wird es für sie sein, falls er sie ablehnt, ihnen im wahrsten Sinne des Wortes eines Tages die kalte Schulter zudreht, sie aus der Gruppe ausgrenzt. Ein Verhalten, wie wir es übrigens genauso in Erwachsenen-Gruppen finden.

Allerdings kann sich der Anführer einer Kindergruppe nie lange seiner Überlegenheit sicher sein. Wie die anderen Mitglieder auch, muß er seinen Platz ständig verteidigen, seine Dominanz immer neu unter Beweis stellen bzw. immer wieder Anschluß an andere Spielgefährten suchen. Denn Gruppen von Kindern sind keine starren, dauerhaften Gefüge mit fester Rangabfolge, sondern sie stellen nach Beobachtung des Berliner Soziologen Hans Oswald eher lose Geflechte dar, deren einzelne Mitglieder sich in wechselnden Kombinationen zum Spiel zusammenfinden. Studien amerikanischer Psychologen bestätigten das: Während des Spiels muß sich der einzelne etwa jede Minute einmal mit einem Gefährten auseinandersetzen, um seinen Willen durchzusetzen, im Spiel so fortzufahren, wie er das vorhatte.

Kleine Kinder setzen sich in der Regel mit brachialer Gewalt und großer Lautstärke durch. Ältere hingegen verschaffen sich oft auch durch ihre Beliebtheit Einfluß in der Truppe. So geht es bei den stetigen Leistungsvergleichen innerhalb der Clique sowie mit anderen Gruppen nicht immer nur um körperliche Übermacht. Auch Besitz (der tolle neue Hulahoop-Reifen oder die amerikanischen Rollschuhe etwa, mit denen alle spielen wollen), Köpfchen, eine schnelle Auffassungsgabe, Geschicklichkeit (wer beherrscht die kühnsten Tricks beim Fahrradfahren) oder Einfallsreichtum zum Vorteil der Gruppe (»so schlagen wir die Jungs vom Nachbarblock!«) können ein Mitglied an die Spitze der Truppe katapultieren. Sprich: Das Mitglied, das mit tollen Ideen aufwartet, das mit Einfällen für neue, spannende Spiele brilliert, das auftauchende Probleme am schnellsten und überzeugendsten löst, hat die Chance, andere in seinen Bann zu ziehen – und den bisherigen Boß auszustechen und für eine (ungewisse) Zeit das Spiel der Gruppe zu bestimmen. Doch all die Rangfolgekämpfe, Rivalitäten untereinander oder Bündnisse haben eines gemeinsam: Sie laufen mehr über Körpersprache denn über Worte ab (siehe dazu auch den Abschnitt »In der Gruppe der Größte sein« im folgenden Kapitel »Der Ernst des Lebens: Schulzeit«). So demonstrieren Kinder durch breitbeinigen Stand, raumgreifenden Schritt und raumgreifende Armbewegungen, in die Seite gestützte Hände oder ein hocherhobenes Kinn: »Ich bin mir meiner selbst bewußt«, »komm mir nicht zu nah«, »ich beanspruche diesen Raum«. Indem sie eine Schulter hoch und den Mund nach unten ziehen, signalisieren sie ihre Verachtung gegenüber anderen.

Angst und Unterwerfung spiegelt sich im bereits oben beschriebenen Fluchtverhalten. Und Freunde sind sich auch körperlich »zugeneigt«, wie wir gerne sagen: Sitzen sie, so bilden sie oft ein zu einer Seite offenes Dreieck, oder sie sitzen nebeneinander, und ihre Körperhaltung wie -bewegungen verlaufen auffällig parallel, ein Zeichen dafür, wie sehr sie aufeinander eingestimmt sind.

Wenn ein Geschwisterchen kommt

Es ist soweit: Der dreijährige Max hat ein Schwesterchen bekommen. Freudestrahlend bringen die Eltern die kleine Eva im Körbchen aus der Klinik nach Hause. Max ist erst mal sehr gespannt, wie sein Schwesterchen aussieht, will es berühren, auf den Arm nehmen. Am nächsten Morgen steht er schon um sechs Uhr auf und besucht das Baby an seinem Bett.

Doch nach ein paar Tagen ist die erste Neugier gestillt. Und Max beginnt Probleme zu machen. Zum Frühstück möchte er nicht mehr sein Marmeladenbrot, sondern eine Flasche haben, wie das Baby. Er verlangt wieder nach einer Windel, obwohl er doch so stolz war, daß er schon ganz alleine aufs Klo gehen konnte. Und hat die Mama das Baby nach dem Füttern im Arm, um ein bißchen mit ihm zu spielen und zu schmusen, gesellt Max sich zwar dazu, deckt aber der Mutter wie beim Kuckuckspiel mit den Händen die Augen zu. Womit er ihr ohne Worte sagen möchte: »Jetzt siehst du das Baby nicht mehr. Es ist einfach nicht mehr da. Und deine Aufmerksamkeit gilt ganz allein mir, wie früher...«

Selbst, wenn die Eltern es gerne anders hätten: Ein neues Geschwisterchen ist für das ältere Kind erst einmal ein Fremder. Und zwar ein unwillkommener, denn er bildet eine mächtige Konkurrenz, nimmt dem kleinen »Kronprinzen« oder der kleinen »Kronprinzessin« einen Teil der bislang ungeteilten elterlichen Zuneigung weg. Kein Wunder also, daß die Erstgeborenen darauf mit Eifersucht reagieren und auf jede nur erdenkliche Art und Weise versuchen, die Aufmerksamkeit der Eltern auf sich zu ziehen. Die einen sind plötzlich die reinsten Musterknaben, freundlich, wohlerzogen und versuchen sich durch gute Schulnoten interessanter zu machen. Die anderen fallen ins Babyalter zurück, wie es Suzanne Szasz so witzig und treffend auf Film gebannt hat (die amerikanische Fotografin beobachtete die Körpersprache von Kindern über viele Jahre lang mit der Kamera). Psychologen nennen das regressives Verhalten, von lateinisch Regression für Rückschritt, oder die Kinder reagieren aggressiv auf das Geschwisterkind.

Aber, ob sie wollen oder nicht, sie müssen einen schwierigen und meist langwierigen Anpassungsprozeß durchlaufen, sich mit dem neuen Konkurrenten arrangieren und befrieden. Dieser Prozeß verlangt den Eltern viel Diplomatie, Einfühlungsvermögen, Verständnis und Geduld ab. Am besten, sie beginnen ihr Kind schon während der Schwangerschaft auf den Neuankömmling vorzubereiten, indem sie dem Älteren beispielsweise erklären, was eine Schwangerschaft ist, es ganz selbstverständlich in die Vorbereitungen für das Baby und nach der Geburt in die Babypflege einbeziehen und ihm damit helfen, sich langsam auf die veränderte Situation umzustellen. Sie sollten von dem älteren Kind auch nicht erwarten, daß es sein Geschwisterchen auf Anhieb gerne mag. Gefühle wie Geschwisterliebe müssen sich langsam und von alleine entwickeln. Daß die Mama sich nun den ganzen Tag fast ausschließlich um das Baby kümmert, macht die Sache auch nicht einfacher für das ältere Kind.

Eltern sollten deshalb am Anfang stets dabeisein, wenn das Ältere das Neugeborene beobachtet, es streichelt oder mit ihm spielt. Denn die ambivalenten Gefühle gegenüber dem Baby lassen ältere Geschwister – unbewußt und ungeplant natürlich – schnell mal grober zupacken. Dieser Gefühlswettstreit (hie Neugier, da Konkurrenz) drückt sich deutlich erkennbar in Körpersprache aus.

Ein Beispiel: Das Ältere guckt in den Stubenwagen, neugierig zwar, aber nicht nach vorne gebeugt, sondern Kopf und Oberkörper sind leicht nach hinten gestreckt, nur eine Hand greift den Korb, mit der anderen Hand wedelt das Kind abwehrend in der Luft herum, als wolle es sagen: »Nimm das Baby lieber weg.«

Ist dem Älteren mal ein Ausrutscher passiert, sollten die Eltern es nicht zu sehr strafen, sonst fühlt es sich noch mehr ausgegrenzt. Besser ist, die Eltern (oder ein Elternteil zumindest) widmen ihm hin und wieder ihre ungeteilte Aufmerksamkeit. Und unternehmen etwas ganz Besonderes mit ihm, womit das Kleinere noch gar nichts anfangen kann. Auch Verwandte, wie die Großeltern oder Onkel und Tanten, können dazu beitragen, daß das ältere Kind sich weniger zurückgesetzt fühlt, indem sie sich bei einem Besuch vorrangig ihm widmen. So hilft beispielsweise ein längerer Aufenthalt der Oma nach der Geburt auch dem älteren Kind über die ersten Wochen der Umstellung hinweg.

Vermittelt man ihm die Botschaft: »Die Oma ist nicht nur für das Baby und die Mama da, sondern hauptsächlich, um mit dir zu spielen«, so zeigt man ihm, daß es zwar nicht mehr die erste Geige spielt, aber trotzdem immer noch wichtig ist. Für die Eltern und auch für andere.

Familienrituale

Ohne die allabendliche Fortsetzung der Geschichte von den braunen Erdmännchen, von der Mama selbst ausgedacht und erzählt, kann und mag die sechsjährige Katharina nicht einschlafen. Ihr Bruder Maximilian, er ist zwei, muß stets erst sein Bett in Ordnung bringen, bevor die Mutter das Licht ausmachen darf. Neben seinem Lieblingsteddybären reiht er einen Schnuller nach dem anderen auf: Sechs Stück sind es insgesamt, damit er nachts immer einen in Greifweite hat, falls er wach werden sollte.

Rituale – ob vor dem Schlafengehen oder zu anderen Tageszeiten – sind für alle Kinder wichtig. Nur wenn sie sich Tag für Tag verläßlich und unverändert wiederholen, fühlen sie sich sicher und geborgen. Rituale vermitteln ihnen die Gewißheit, daß alles in Ordnung ist, daß alles seine Ordnung hat. Kinder sind ganz besonders auf eine feste äußere Ordnung angewiesen. Bestimmte Gebräuche und Tagesabläufe helfen ihnen, sich in der Welt der Großen zurechtzufinden und darin einzufügen. Die kleinen Familienrituale machen das Leben für die Kleinen berechenbar. Sie haben etwas, worauf sie warten, worauf sie sich freuen können.

Fällt eines dieser Rituale einmal aus irgendwelchen Gründen weg (etwa weil die Eltern Gäste zum Abendessen eingeladen haben), sind die Kinder enttäuscht – und zwar so sehr, wie Erwachsene sich das oft nicht vorzustellen vermögen. Über ihre Enttäuschung sollte man nicht einfach hinweggehen, sonst gewinnen sie den Eindruck, man nehme sie und ihre Bedürfnisse nicht ernst. Läßt sich ein bestimmtes Ritual aus gewissen Gründen (eben wegen der Essenseinladung) nicht erfüllen, so sollte man sich eine Alternative einfallen lassen. Kinder werden eine kleine Abwandlung und Überraschung eher akzeptieren, als wenn ein Ritual einfach entfällt.

Aggression – oft ganz sinnvoll

Die Mutter bleibt wie angewurzelt im Türrahmen stehen. Sie mag ihren Augen nicht trauen. Da steht ihre vierjährige Tochter Maria auf dem Bett und liefert sich mit einem Freund ihres älteren Bruders Matthias eine wilde Kissenschlacht. Als sie mit angespanntem Gesicht und zusammengebissenen Zähnen ausholt, um dem Jungen ein Kissen auf den Kopf zu klopfen, würde die Mutter am liebten sofort dazwischengehen.

Was sie zum Glück dann aber doch bleibenläßt. Denn Eltern sollten sich nach Möglichkeit nicht einmischen, wenn ihre Kinder toben. Sie brauchen das – selbst wenn die rauhen Spiele mal mit Tränen und blauen Flecken enden. Denn erstens können sie ihre aufgestauten Aggressionen, Ängste und Frustrationen (und davon haben Kinder reichlich) nirgends besser und ungefährdeter loswerden als in ihren Kampfspielen. Das gilt für Mädchen genauso wie für Jungs, wenngleich Mädchen in der Regel weniger aggressiv verfahren. Zweitens müssen und wollen Kinder auch auf diese Art und Weise messen, wer der Schnellste, Stärkste oder Gewandteste ist. Unterbricht man ihren »Wettkampf«, holt man sie frühzeitig aus ihrer Balgerei, ihrem Kampfspiel heraus, verursacht man Frust. Und läuft Gefahr, daß sich die Aggressionen des Kindes gegen einen selbst richten. Drittens sind Raufereien häufig auch Mittel zum

Zweck, Zärtlichkeiten auszutauschen – so paradox das erst mal klingen mag.

Gerade ältere Jungen können und mögen Zuneigung untereinander nicht offen durch Schmusereien oder Umarmungen zu erkennen geben. Daß sie einander (oder den Erwachsenen, mit dem sie rangeln) aber mögen und respektieren, zeigt der Ablauf der Rauferei. Kinder haben ein feines Gespür dafür, wie weit sie gehen dürfen. Bevor sie dem anderen wirklich wehtun könnten, stoppen sie. Unter Umständen lassen sogar die Stärkeren ab und an mal den Schwächeren »gewinnen«.

Ja, sogar Babys mögen schon gerne toben. Es ist erstaunlich, wie geduldig kleine Kinder in der Regel die rauhe Behandlung durch größere Kinder hinnehmen. Der dreijährige Moritz beispielsweise läßt sich regelmäßig auf seine kleine Schwester Liv plumpsen, wenn sie auf dem Sofa liegt. Immer wieder nimmt er Anlauf, immer wilder hopst er auf Liv zu. Seine Eltern lassen ihn nach anfänglicher Sorge gewähren, weil das zehnmonatige Baby diese Art der Annäherung bisher stets mit Vergnügen quittierte: Die Mundwinkel sind zu einem Lachen hochgezogen, die Wangen gerundet und freudig gerötet, die Augen weit aufgesperrt, das Näschen gekraust. Zwar hat sie die Ärmchen zum Schutz angehoben, die Handflächen abwehrend dem Bruder entgegengestreckt. Durch ihr freudiges Quietschen und die offene Körperhaltung gibt sie ihm jedoch zu verstehen, daß er mit der Gaudi ruhig fortfahren kann.

Bereits das Baby genießt, was Experten, wie etwa der Pantomime Samy Molcho, als Gefühlsschaukel bezeichnen: Je wilder, je ausgelassener und je überraschender das Spiel verläuft, um so vergnügter ist das Kind bei der Sache, denn um so intensiver sind auch der Spaß und der Kitzel einer möglichen Gefahr. Kleine Pausen zum Luftholen erhöhen zusätzlich die Spannung und die Vorfreude auf eine neue »Runde«. So toben die Kinder von einem Gefühlshöhepunkt zum nächsten.

Bei offener Gewalt ist Schluß

Zwischen der fünfjährigen Katharina und ihrer Mutter gab es gerade einen heftigen Disput. Katharina wollte unbedingt ihr neues Ballett-Kostüm auf den Spielplatz anziehen. Ihre Mutter (»Das ist viel zu empfindlich und teuer!«) aber sperrte es fort. Mit bösem Gesicht hat Katharina daraufhin die Hand erhoben. Doch statt im Gesicht der Mutter ist der Schlag auf ihrer Babypuppe gelandet. Diese kriegt jetzt den Zorn ab, der eigentlich der Mutter galt.

Puppen, Spielzeug, eine Tasche der Mutter – solche Dinge halten oft als Blitzableiter her, wenn Kinder sich über andere ärgern, die Wut aber an der betreffenden Person selbst nicht abladen können. Eltern sind in der Regel entsetzt über die blindwütige Aggression ihrer Kinder. Dabei ist es gut, wenn Kinder solch ein vergleichsweise harmloses Ventil für ihren Zorn finden.

Außerdem ist Aggression nicht gleich Aggression. Eltern sollten stets zwischen Aggression als Reaktion auf einen Eingriff von außen bzw. destruktiver und zielgerichteter Aggression unterscheiden. Es ist ganz normal, daß Kinder sich wehren, wenn jemand sie bei einer bestimmten Tätigkeit stört, ihr Spiel unterbricht, in ihr Territorium eindringt. Mütter werden damit häufiger zu tun haben. Beispielsweise, wenn sie ihr Kind wickeln. Haben sie es dabei eilig und dulden nicht, daß das Kind sich wegdreht, um zu spielen, müssen sie damit rechnen, daß es heult oder schimpft. Und wenn es älter ist, kann es sogar passieren, daß es erbost über die Unterbrechung nach seiner Mutter schlägt.

Artet die Aggression dagegen als Gewalt gegen andere Kinder oder Geschwister aus, will ein Kind unverblümt einem anderen wehtun, eine Sache kaputtmachen, dann sollten Erwachsene dazwischengehen. Kinder müssen zwar auch lernen, sich körperlich zu behaupten, sich zu wehren (oder etwas einzustecken). Doch in der Hauptsache sollten sie dazu angehalten werden, ihre Streitigkeiten mit Worten auszutragen. Hat es körperliche Auseinandersetzungen gegeben, sollten Eltern es nicht dabei bewenden lassen, dazwischenzugehen, um schlimmere Keilereien zu verhindern. Sie sollten auch versuchen, die Streithähne miteinander zu versöhnen. Nur, wenn sie sie zusammenführen (»Jetzt vertragt euch wieder!«), erreichen sie, daß ihr Kind auf Dauer einsieht, wo bei Aggression die Grenze ist.

Ein Kind ist kein Eilzug

Martinas Mutter ist ratlos. Mit viel Bedacht hat sie ihre Rückkehr in den Beruf geplant und gestaltet. Erst einen Kindergartenplatz für ihre Tochter gesucht, Martina einen Monat lang tagtäglich dort hingebracht, bevor sie eine Stelle antrat. Und nun will es mit dem morgendlichen Gang zum Kindergarten einfach nicht mehr klappen.

Von Morgen zu Morgen trödelt die viereinhalbjährige Martina mehr, wo es die Mutter doch so eilig hat. Während der Probezeit will sie ja möglichst stets pünktlich zur Arbeit erscheinen. Aber Martina kommt einfach nicht in die Gänge. Fordert ihre Mutter sie auf, sich fertig zu machen, bitte endlich den Mantel anzuziehen, tut Martina so, als habe sie ihre Mutter nicht gehört. Abwesend, mit in sich gekehrtem Blick summt sie vor sich hin, dreht eine Haarlocke um den Finger, nestelt an ihrem Kleid herum oder geht demonstrativ in ihr Zimmer und setzt sich mit einem Spiel in die Ecke. Beginnt ihre Mutter schließlich zu schimpfen, so kehrt sie ihr unter Umständen den Rücken zu, stupst dabei mit der rechten Fußspitze immer wieder auf den Boden.

Für Experten steckt dahinter ganz klar folgende Botschaft: »Mama, ich will nicht weg. Der Tag ohne dich ist so furchtbar lang.« Die Viereinhalbjährige, und das ist der Knackpunkt an der Sache, hat noch nicht das Zeitgefühl der Erwachsenen. Die Trennung von ihrer Mutter, mit der sie über vier Jahre lang fast jede Minute zusammen war, erscheint ihr unendlich lang. Zudem kommt das Mädchen, bis vor kurzem noch den morgendlichen, häuslichen Trott gewohnt, mit dem neuen Eilzug-Tempo der Mutter nicht zurecht.

Die Mutter aber, aus erklärlichen Gründen hektisch und nervös, kann Martinas verschlüsselte Botschaft nicht empfangen. Sie schimpft und treibt die Tochter von Tag zu Tag energischer zur Eile an: »Ich hab' dir doch schon tausendmal gesagt, daß ich pünktlich in der Firma sein muß!« Auf die Dauer bekommt das Kind den Eindruck: Ich bin meiner Mutter nicht wichtig, sie will mich nicht verstehen. Was seine innere Abwehr und sein trödeliges Verhalten zusätzlich verstärkt.

Strenge, so wissen Kinderpsychologen, hilft in solchen Konfliktsituationen nicht, sondern bewirkt eher das Gegenteil. Sie verschlimmert nur die Angst des Kindes, von den Eltern nicht mehr geliebt zu werden. Und macht den Graben, der zwischen Kind und Eltern entstanden ist, nur noch tiefer. Aus einer Winzigkeit erwächst ein Nervenkrieg, aus dem schwer herauszukommen ist, weil inzwischen beide Parteien, sowohl das Kind wie die Eltern, »bockig« sind. Denn was Erwachsene in der Regel selbst nicht sehen: Auch die Mutter sendet ihrer Tochter eindeutig abwehrende körperliche Signale. Und sie verlangt von ihr, so zu funktionieren wie sie selbst. Doch dies können Erwachsene von Kindern nicht erwarten.

Um Martinas (Trennungs-)Angst und Unbehagen zu überwinden, braucht es viel Verständnis und Einfühlungsvermögen. Damit Kind und Eltern sich auf ein gemeinsames moderates Tempo einspielen können, das etwas schneller ist als das Schneckentempo des Kindes und etwas langsamer als das Eilzugtempo der Eltern. Je ruhiger und gelassener der morgendliche Abschied dann über die Bühne geht, desto besser. Und das zusätzliche Versprechen, am Nachmittag nach dem Kindergarten mit der Mama in den Tierpark zu gehen oder die Oma zu besuchen, wird Martina die Trennung ebenfalls ein bißchen erleichtern.

Keiner Schuld bewußt

Muttertag. Klein Moritz möchte seiner Mutter eine Freude machen. Auf der Wiese vor dem Haus pflückt der dreieinhalbjährige Steppke dicken, fetten, gelben Löwenzahn. Bis er noch viel schönere, bunte Blumen vor sich sieht. Daß es die Tulpen aus dem Beet der Nachbarn sind, registriert er in seiner Freude nicht. Mit Feuereifer rupft er die Blütenstiele aus dem Beet, bis die kleinen Hände den Strauß fast nicht mehr halten können. Ganz konzentriert und ernst ist sein Gesichtchen dabei, die Wangen sind hochrot.

Moritz kann es gar nicht erwarten, seiner Mama den schönen bunten Strauß zu geben und zu erleben, wie sie sich an den Blumen und vor allem an ihrem Sohnemann freut. Aber weit gefehlt. Zwar ist die Mutter wirklich aus dem Häuschen – allerdings vor Ärger statt vor Freude. Denn schnell hat sie erfaßt, daß die Blumen aus Nachbars Garten stammen. Wie gelähmt läßt Moritz den »Wolkenbruch« über sich ergehen, der sich nun aus Mamas Mund über ihn ergießt. Seine Arme hängen schlaff zur Seite, den Blick hat er nach unten gerichtet, an den Teppich geheftet. Kein Wort bringt der Steppke heraus, obwohl die Mutter immer weiter mit Fragen in ihn dringt. »Woher sind die Blumen? Die sind doch aus dem Garten von Frau Müller! Die hast du einfach genommen, ohne zu fragen, stimmt's nicht? Was hast du dir denn dabei gedacht?«

Beide, Mutter wie Sohn, sind jetzt zutiefst enttäuscht. Der Sohn, weil er die Welt nicht mehr versteht. Die Mutter, weil sie sich halb schämt, halb ärgert, daß sie nun zu den Nachbarn gehen und die Missetat ihres Sohnes beichten und ausbügeln muß. Daß Moritz kein einziges Wort zu seiner Entschuldigung vorbringt, macht ihre Wut noch schlimmer.

Doch wie soll der Kleine Reue fühlen, ist er sich doch keiner Schuld bewußt. Für Kinder in seinem Alter zählt nur, ob sie in guter Absicht gehandelt haben. Daß er jetzt wie ein Schuldiger vor der Mutter steht, hat nichts mit Einsicht zu tun, sondern ist eine Reaktion auf das Gesicht seiner Mutter. Schwarze Gewitterwolken sieht Moritz dort. Sie lassen ihn Schlimmes befürchten. Auf die bohrenden Fragen kann er nicht antworten, für seine Tat kann er nicht »geradestehen«, wie seine Mutter es erwartet. Denn Moritz fühlt sich wie gelähmt – wie eine Maus, die sich einer Schlange gegenübersieht. Lieber schweigt er, als etwas Falsches zu sagen, das die Zuneigung seiner Mutter noch mehr aufs Spiel setzen könnte.

Eine klassische Situation, die vielen Erwachsenen eigentlich selbst bekannt sein müßte, beispielsweise aus dem Berufsleben. Manch einen überkam schon selbst dieses Gefühl der Ohnmacht, wenn der Chef oder ein wichtiger Kunde ihn wegen eines Versäumnisses zur Rede stellte, vielleicht sogar vor den Augen anderer. Eine Gardinenpredigt, bei der man keine reelle Chance bekam, seine eigene Position zu erklären. Wer sich daran erinnert, vermag sich vorzustellen, wie ängstlich in solch einer Situation erst ein kleines Kind sein muß, das sich im Gegensatz zu Erwachsenen noch nicht zu rechtfertigen weiß.

Natürlich müssen Eltern ihren Kindern Grenzen aufzeigen. Dabei dürfen sie ihr Kind nicht durch Schimpfen und Strafen in seinem Verhalten »einmauern«, wie Psychologen es nennen. Es wehrt sonst alle Erklärungsversuche kategorisch ab, läßt überhaupt nicht mit sich reden. Statt dessen sollten die Eltern erst einmal versuchen, hinter die Absichten zu kommen, die das Kind mit seiner Handlungsweise verband. In der Regel werden es positive Absichten sein, geht es dem Sprößling vor allem darum, Aufmerksamkeit und Zuwendung zu erlangen.

Signalisieren Eltern ihrem Kind Verständnis, können sie ihm auch erklären, warum sein Verhalten nicht erlaubt oder nicht gern gesehen ist. Macht die Mutter beispielsweise Moritz nun klar: »Das ist nett, daß du mir etwas schenken wolltest. Das brauchst du aber nicht, denn ich habe dich auch so lieb«, dann vermittelt sie ihm das Gefühl, daß er verstanden wird, und ihre Chancen wachsen, ihm verständlich zu machen, warum er fremde Blumen nicht einfach nehmen darf. Die Grundvoraussetzung, um so etwas wie ein Gewissen auszubilden.

Angst beim Fernsehen

Haben Sie schon einmal eine Gruppe Knirpse beim Fernsehen beobachtet? Wie gebannt sie die Bilder verfolgen, wie sie mit der Handlung mitgehen, wie sie an den spannenden Stellen eines Films schier in das Gerät hineinkriechen? Besonders stark reagieren sie, wenn die Handlung auf der Mattscheibe gruselig oder gewalttätig wird: Manche lachen nervös und hampeln mit Armen und Beinen zappelig herum. Andere haben Augen und Mund weit aufgerissen vor Schreck, halten einen Arm schützend über Mund, Stirn oder Ohren, stecken sich zur Beruhigung Finger in den Mund, haben die Beine angezogen, den Rücken ins Sofa gekrümmt. Doch trotz ihrer Angst können sie den Blick nicht vom TV-Gerät lösen, bis die Gefahr vorüber ist. Danach wird oft noch eine Runde heftig und lautstark durch die Wohnung getobt.

Was zwar die Nachbarn stören mag, aber eine ganz natürliche Reaktion darstellt: Nur durch die körperliche Aktivität können die Kinder die innere Spannung, die sich beim Fernsehen aufgebaut hat, entladen. Denn, was die meisten Eltern nicht wissen: Kinder sind bis ins Schulalter hinein nicht fähig, zwischen Realität und Fiktion zu trennen. Gerade beim Medium Fernsehen fällt ihnen die Unterscheidung besonders schwer. Wie sollen die Kleinen auch zwischen einem Mord in der »Tagesschau«, deren Nachrichten für ihre Eltern offensichtlich bare Münze sind, und den Toten im »Tatort«, der gleich anschließend kommt, unterscheiden? Deshalb ist es so wichtig, daß Eltern ihre Kinder beim Fernsehen begleiten, sprich mit ihnen geeignete Sendungen heraussuchen, sie unter Umständen auch gemeinsam mit ihnen anschauen (aber bitte nicht, wenn sie dagegen sind, sonst fühlen sie sich kontrolliert) und danach darüber sprechen, damit die Sprößlinge das Gesehene verarbeiten können. Und Kinder vor dem Kindergartenalter sollten, so sind sich die Medienpsychologen einig, sowieso besser noch kein Fernsehen konsumieren.

Fünf Wege aus Unbehagen und Unzufriedenheit

Stephanie kassiert eine Standpauke, weil sie ihren kleinen Bruder geärgert hat. Ohne Widerworte hört sie sich das Geschimpfe ihres Vaters an. Aber ihr Körper verrät, wie unbehaglich sie sich fühlt: Ihre Augen weichen dem Blick des Vaters aus, die Schultern sind hochgezogen. Nicht lange kann sie ruhig stehen, dann beginnt sie an Ort und Stelle herumzuwetzen, also erst die Hüfte immer wieder zur Seite zu drehen, dann den Kopf – als wolle sie sich den Worten des Vaters entziehen. Doch am verräterischsten sind ihre Füße. Ungeduldig scharren sie auf dem Boden ihr »Ich will weg von hier«.

Unbehagen, Unzufriedenheit mit einer Situation, äußert sich bei einem Kind, das ganzheitlich fühlt und handelt, stets körperlich, egal ob der Grund seines Unwohlseins körperlicher oder seelischer Natur ist. Seine Reaktion darauf hat es naturgemäß noch viel weniger im Griff als ein Erwachsener, folglich fällt sie sehr stark und deutlich aus. Fünf Möglichkeiten hat das Kind, zu reagieren:

1. den Angriff (bereits weiter oben im Abschnitt »Bis hierher und nicht weiter« beschrieben),
2. die Flucht (wie bei Stephanie),
3. sich verstecken,
4. um Hilfe rufen, und
5. die Unterwerfung.

Durch *Aggression* setzt sich das Kind aktiv mit der Ursache seines Unbehagens auseinander, so der Körpersprache-Experte Samy Molcho. Durch *Flucht* versucht es, genau dies zu vermeiden. Ähnlich steht es mit der Angstreaktion des *Sich-Versteckens.* Viele Eltern kennen dies: Wie oft haben sie ihren Sprößling schon verzweifelt gesucht, weil er sich aus Angst vor der Konfrontation mit Problemen, aus Angst vor drohendem Geschimpfe oder aus Frust, weil die anderen Kinder ihn nicht mehr haben mitspielen lassen, verkrochen hatte. Erst nach langem Suchen haben die Eltern ihn in einem Schrank, unterm Bett oder in irgendeinem verborgenen Winkel der Wohnung gefunden. Eine weitere, typisch kindliche Variante des Sich-Versteckens ist, sich die Augen zuzuhalten oder einfach die Augen zu schließen, höchstens noch zu blinzeln – nach dem Motto »Was ich nicht sehe, das gibt es auch nicht«. Ein Verhalten, das man bei Kindern, die sich momentan überfordert fühlen, häufig beobachten kann. Durch das Schließen der Augen wollen sie die Realität ausblenden.

Bleibt das Kind hingegen an Ort und Stelle stehen, zieht die Schultern hoch und bewegt nur den Kopf nach rechts oder links, signalisiert es: »Ich brauche eure *Hilfe*!«

Aus dem Tierreich bekannt ist uns die letztgenannte Reaktion: die *Unterwerfung* oder Resignation. Gibt das Kind nach oder sucht nach einer friedlichen Lösung, dann bewegt es Kopf- und Schulterpartie so, wie wir es auch bei Hunden oder Wildkatzen beobachten können. Es neigt den Kopf zur Seite, hat die Augen weit geöffnet, hebt leicht die Schulter an und legt den Halswirbel frei, als wolle es seinem Kontrahenten sagen: »Ich vertraue darauf, daß du jetzt nicht zubeißt! Laß uns verhandeln und Frieden schließen.«

Ein Blick genügt

Kurz vor dem Mittagessen. Klammheimlich hat Moritz einen Mohrenkopf aus dem Küchenschrank stiebitzt. Unbemerkt, meint er. Aber die Mutter hat ihn dabei entdeckt. Sie muß ihren Sohn nur einmal mahnend anschauen, und schon legt Moritz die Süßigkeit in die Schachtel zurück, zögernd zwar, aber ohne Murren. Sohn und Mutter haben sich ganz ohne Worte verstanden. In ihrem Blickkontakt von ein paar Sekunden wurden Informationen transportiert, für deren Austausch andere Menschen unter Umständen Minuten benötigt hätten. Die Mutter gab dem Sohn zu verstehen: »Du weißt doch, daß du vor dem Essen keine Süßigkeiten mehr nehmen sollst! Außerdem sollst du mich vorher auch immer fragen. Leg also den Mohrenkopf wieder zurück«, er zeigte sich schuldbewußt und nachgiebig.

Dr. Sirgay Sanger, Gründer und Leiter des »Early Care Center« in New York, faßt den Kern dieser Szene wie folgt zusammen: Mit den Jahren wird ein Kind nicht mehr so oft im Gesicht und der Stimme der Eltern Orientierung suchen müssen, weil sie eine innere Größe in ihm geworden sind. Sie sind ein hilfreicher innerer Weggefährte geworden, auf den es sich verlassen kann.

Dieses Aufeinander-eingespielt-Sein kennen wir auch von anderen Menschen. So können sich Leute, die miteinander vertraut sind, wie Liebespaare oder langjährige Freunde, mit minimalen Kopfbewegungen und Gesichtsausdrücken verständigen: Ein fast unmerkliches Nicken heißt »ja«, ein leichtes Kopfschütteln »nein«, eine fahrige Kopfbewegung zur Seite »laß uns von hier verschwinden« oder »geh«, ein leichtes Stirnrunzeln oder Hochziehen der Augenbrauen »Was soll das?« oder »Das finde ich nicht so gut«.

»Ich will euch gefallen«

Ab dem Kindergartenalter beginnt für Kinder der, wie Experten es nennen, Prozeß der Ritualisierung. Durch das Spiel mit anderen Kindern, die Erziehung der Eltern und anderer Betreuungspersonen lernen sie die Spielregeln und ungeschriebenen Gesetze der Gesellschaft kennen, die für unser aller Zusammenleben wichtig sind. Wie weit sie fähig sind, sich daran anzupassen, gleichzeitig aber ihr frisch entwickeltes Selbstbewußtsein zu bewahren, zeigt sich in den folgenden vier bis fünf Jahren. Dabei legen Kinder einige Verhaltensweisen an den Tag, die ihre Eltern manchmal irritieren, mitunter aber auch ganz schön nerven können.

Typisch in dieser Entwicklungsphase ist, daß das Kind oft angerannt kommt und etwas wissen will. Dabei geht es ihm aber weniger um bestimmte Informationen als darum, sich selbst zur Geltung zu bringen, die Aufmerksamkeit seiner Eltern und anderer Erwachsener zu erringen. Außerdem wird es nun häufig ein positives Urteil oder Beifall einfordern, wenn es eine besondere Leistung vollbracht hat, ungewöhnlich mutig war, sich etwas getraut hat etc. In Maßen ist das normal, denn Kinder brauchen die Bestätigung Erwachsener als Wegweiser, daß sie sich richtig verhalten, als Ansporn, weiter zu lernen, und als »Futter« für ihr Ego, ihr Selbstbewußtsein.

Worauf Eltern dabei aber verstärkt achten sollten:

1. Das Kind an sich will gelobt, wertgeschätzt werden. Hüten sollte man sich davor, es nur anzuerkennen, zu belohnen, in den Arm zu

Die drei von der Fernsehcouch – aber jeder der Jungen sieht den Film mit anderen Augen:
Der Ängstliche hält die Hand wie einen Schutzschild parat.
Der Mutige hat den Durchblick – und kann alles erklären.
Der Skeptiker folgt ihm, aber ganz geheuer ist ihm die Sache nicht …

Anspannung: Wartet nur ab, ich werd's euch gleich zeigen, ich bin vorbereitet.

Anstrengung: Jetzt gebe ich alles, denn ihr sollt sehen, daß auch Kleine zu großen Leistungen fähig sind.

Eine Ameise, eine Blume, ein Käfer? Der ausgestreckte Finger muß helfen, wenn's mit der Sprache noch nicht richtig klappt.

nehmen, sofern es folgt und Leistung erbringt. Damit läuft man Gefahr, sich auf Dauer entweder einen kleinen, besserwisserischen Streber heranzuziehen (der es unter Gleichaltrigen erfahrungsgemäß eher schwerhaben wird). Oder das Kind beginnt eines Tages, sich selbst wertlos zu fühlen, Leistung und Wohlverhalten zu verweigern – je nach Temperament und Charakter.

2. Lob und Tadel müssen richtig dosiert und stets angemessen sein. Wer sein Kind immer wieder ohne Grund lobt, erreicht damit nur, daß es glaubt, es müsse sich nicht mehr anstrengen, das nächste Lob käme wie von selbst. Wer sein Kind dagegen immer nur tadelt oder straft, knickt unter Umständen sein ohnehin erst schwach entwickeltes Selbstbewußtsein. Es wird versuchen, sich von vornherein unangenehmen Tätigkeiten oder Situationen zu entziehen, weil es sich selbst nichts mehr zutraut, sich Frusterlebnisse ersparen möchte. Solche Kinder neigen auch dazu, Einzelgänger zu werden. Indem sie sich von anderen Kindern abschotten, wollen sie einer möglichen Ablehnung und Ausgrenzung vorbeugen. Tatsächlich aber machen sie sich das Leben selber schwer, weil sie die Chance vertun, zu lernen, richtig mit den Spielregeln von Gruppen, die unser ganzes gesellschaftliches Leben prägen, umzugehen. Oder man zieht sich damit auf Dauer einen kleinen »Provozler« heran. Nach dem Motto, »Ich krieg ja eh nie was anderes zu hören als Schimpfe«, schlägt das Kind jetzt ständig über die Stränge. Die anschließende Standpauke dient ihm also bereits als Legitimation.

Ebenfalls typisch für dieses Alter ist ein Verhalten, das besonders Mädchen an den Tag legen: eine leichte Form von Koketterie. Genauso wie Erwachsene auch, geht es ihnen darum, zu gefallen. Das System von Belohnung und Strafe, so der Körpersprache-Experte Samy Molcho, trägt noch verstärkend dazu bei. Dieses frühe (aber selbstverständlich vollkommen unverfängliche) Flirtverhalten sieht folgendermaßen aus: Das Kind schiebt das Becken vor, zieht die Schultern zurück und wiegt sich ein wenig nach links und rechts in einer Art rotierender Bewegung. Das signalisiert einesteils das Bedürfnis, zu gefallen, andererseits (durch die zurückgezogene Schulter) die Bereitschaft, sich jederzeit zurückzuziehen, falls die andere Seite negativ oder gar nicht reagiert. Mit den Augen fragen sie dabei stumm, ob das Gegenüber auch sieht, wie hübsch sie sind. Solchem Verhalten sollte man besser nicht allzu viel Aufmerksamkeit schenken, um es nicht unnötig zu verstärken (der Preis wäre irgendwann Eitelkeit und Fixierung auf Äußerlichkeiten).

Der Ernst des Lebens: Schulzeit

Viele Erwachsene denken wehmütig an ihre Schulzeit zurück. Besonders wenn sie einen recht anstrengenden oder gar ungeliebten Job haben. Wenn sie jeden Tag in die »Tretmühle« müssen und ihnen nur das Wochenende und ein paar Wochen Urlaub ihm Jahr für sich selbst bleiben.

In der Erinnerung verklärt, erscheint ihnen die Schulzeit als die Zeit totaler Freiheit und Unbeschwertheit. Man konnte sich Streiche ausdenken, hatte jeden Nachmittag frei, viel Zeit für Freunde und für Spiele und jede Menge Ferien. Natürlich gibt es auch Erwachsene, die mit Grauen an ihre Schulzeit zurückdenken, sich an schlimme Lehrer, Angst, Druck und Streß erinnern. Aber auch solche »Großen« kann man dabei ertappen, wie sie einem frischgebackenen Schulkind sagen, »du hast's aber gut, warte nur, bis du auch groß bist, dann wird es nie mehr so schön sein, wie jetzt«.

Kinder sehen das vermutlich ganz anders, wenn sie in die Schule kommen. Meist haben sie sich darauf gefreut, endlich lesen zu können, zu den Großen zu gehören, einen feinen Schulranzen mit Inhalt ihr eigen zu nennen, mehr als früher ernst genommen zu werden. Für Sechsjährige ist das alles sehr erstrebenswert (wenn ihnen nicht Erwachsene schon frühzeitig Angst davor gemacht haben). Sie sind ungeheuer lernbegierig und können es meist kaum mehr erwarten, bis der erste Schultag da ist.

Schulanfang ist eine große Umstellung

Doch oft wird diese Vorfreude schon nach wenigen Tagen oder Wochen in der Schule erheblich getrübt. Und tatsächlich bedeutet der Schulanfang für jedes Kind einen großen Einschnitt in sein bisheriges Leben und eine enorme Belastung und Umstellung.

Von heute auf morgen kann das Kind zumindest einen Teil des Tages nicht mehr so spontan und gefühlsbezogen leben, wie es das eigentlich in diesem Alter noch bräuchte. Es muß sich Ritualen unterordnen, stundenlang stillsitzen, ruhig sein. Das ist um so schwerer, je traditioneller der Unterricht ist. Dann werden dem Kind die Regeln einfach »übergestülpt«, wie das der bekannte Körpersprache-Experte Samy Molcho beschreibt. Das Kind hat keine Möglichkeit, seine Bedürfnisse oder Gefühle zu äußern, niemand interessiert sich dafür. Der Lehrer oder die Lehrerin verkörpern die Macht, das Kind hat sich unterzuordnen. In großen Klassen besteht auch kaum die Möglichkeit für den Pädagogen, sich intensiver mit einzelnen Kindern zu beschäftigen. Die Folge, so mutmaßt Samy Molcho, sind Pausen, in denen es laut, aggressiv und wild zugeht, weil die Kinder ihre aufgestauten Gefühle abreagieren müssen.

Freilich gibt es auch fortschrittliche Schulen, die den kleinen ABC-Schützen den Einstieg erleichtern. Der Frontalunterricht (vorne der Lehrer, gegenüber die Klasse) hat in diesen Schulen ausgedient. Der Lehrer sitzt mit seinen Schülern am Boden im Kreis, um ihnen etwas Neues beizubringen. Oder es sind bunte Gruppen, die gemeinsam etwas erarbeiten. Der Lehrer geht von Tisch zu Tisch oder von Gruppe zu Gruppe und kann so viel besser Wünsche und Bedürfnisse seiner Schüler wahrnehmen und berücksichtigen. Es findet Kommunikation statt, das Kind wird in seinem Lernwillen, den es ja hat, unterstützt und gefördert. Die Kinder können sich zwischendurch auch mal bewegen, aufstehen, herumgehen. Das ist besonders wichtig, denn die motorischen Bedürfnisse sind in diesem Alter noch stark ausgeprägt, und das lange Stillsitzen macht Kinder mürbe, manchmal sogar aggressiv.

Den Platz in der Klasse finden

Eine zweite gravierende Veränderung für einen Schulanfänger ist das Leben in der Gruppe. Jedes Kind muß sich innerhalb der Klasse behaupten, Freundschaften schließen, Hierarchien erkennen und sich den eigenen Platz darin schaffen. Nicht einfach! Denn die Bedürfnisse der einzelnen Kinder sind recht unterschiedlich.

Manche wollen mehr Kontakt zum Lehrer, setzen sich in die erste Reihe, melden sich häufig, lächeln den Lehrer oder die Lehrerin freundlich an oder versuchen ihn sogar zu berühren, zu umarmen. Sie wollen unbedingt zeigen, was sie schon können.

Das kann in der Klasse dazu führen, daß sie als Streber gelten, mit der »Macht« in Person des Lehrers gemeinsame Sache machen. Ein Verhalten, das ihnen Kinder, die sich vom Lehrer abwenden oder ihn fürchten, sehr übelnehmen – in dieser Gruppe sind sie nicht wohlgelitten.

Auf der anderen Seite kann es in einer gleichgesinnten Gruppe (die alle den Lehrer mögen und sich beliebt machen wollen) starke Rivalitäten geben: Wen mag er mehr? Warum ruft er dich öfter auf als mich? Ich war besser, hab' etwas zuerst gewußt... usw.

Es dauert einige Zeit (und ändert sich auch immer wieder), bis die Rangordnung in der Klasse festgelegt ist und jedes Kind seinen Platz gefunden hat. Auf jeden Fall für viele Kinder ein zusätzlicher Streß.

Verhalten innerhalb und außerhalb der Familie

Für die meisten Eltern beginnt mit der Schulzeit ihres Kindes eine angenehme Phase: Das Kind ist aus dem Gröbsten heraus. Es braucht viel weniger Pflege und Zeit, kann sich allein anziehen, geht wahrscheinlich schon allein Einkaufen, kann Aufgaben im Haushalt übernehmen und diese auch recht ordentlich erledigen. Die schwierige Trotzphase ist vorbei, das Kind ist recht selbständig, die Eltern haben wieder mehr Zeit für sich. Viele Mütter gehen jetzt zurück in den Beruf.

Schulkinder sind (scheinbar) schon groß und vernünftig. Man kann sich gut mit ihnen unterhalten. Sie beherrschen die Wort-Sprache beinahe perfekt, können ihre Bedürfnisse klar verbal äußern und sagen, was sie wollen oder nicht wollen.

Kinder im Schulalter haben bereits die wichtigsten gesellschaftlichen Verhaltensregeln intus, wissen, was in ihrer Familie, in der Schule und im Freundeskreis gängig, akzeptiert, aber auch was tabu ist. Das Kind ist jetzt nicht mehr so eng an die Familie gebunden. Andere Kinder und Familien sind beinahe ebenso interessant (wenn nicht manchmal, zum Leidwesen der Eltern, noch interessanter). Freundschaften spielen eine große Rolle.

Das ist die eine Seite. Auf der anderen Seite sind Sechs-, Acht- oder Zehnjährige trotz ihrer ständig wachsenden Selbständigkeit die kleinen, anschmiegsamen Kinder geblieben. Kinder, die Schutz, Unterstützung, Trost und Aufmerksamkeit von Mutter und Vater brauchen. Eine Tatsache, die Eltern manchmal verwirren kann und nicht selten Konflikte heraufbeschwört. Oft sind es ausschließlich die Körpersignale, die Eltern die wahren Gefühle ihres Kindes erkennen lassen. Denn Schulkinder haben einerseits längst das zu verschweigen gelernt, was Mutter und Vater nicht so gern von ihnen hören wollen. Andererseits möchen sie sich auch keine Blöße geben, nicht »klein«

sein und verschweigen deshalb oft, wie ihnen zumute ist. Zum Beispiel, daß sie Angst haben oder daß sie sich langweilen, daß sie verwirrt, überfordert oder unzufrieden sind. Daß sie etwas nicht verstehen, traurig sind oder das Bedürfnis nach Zärtlichkeit und Bestätigung haben. Eltern, die auf die Körpersignale ihres »großen« Kindes achten und sie richtig entschlüsseln können, tun sich leichter.

Beispiel Hausaufgaben: Der siebenjährige Achim sitzt über seinem Rechenheft und kaut am Bleistift. Der Kopf ist in eine Hand gestützt, der Blick ins Unendliche gerückt, die Augenbrauen hochgezogen. Offenbar tut er nichts. Seine Mutter kommt vorbei und schimpft. »Träum nicht, sonst wirst du nie fertig.«

Achim schaut auf sein Heft, sein Gesicht nimmt einen verzweifelten Ausdruck an. Die Augenbrauen ziehen sich zusammen, eine Hand geht zum Mund, die Finger trommeln über die Lippen. Er rutscht unruhig auf dem Stuhl hin und her.

Jetzt erst sieht die Mutter über seine Schulter ins Heft, entdeckt einen Rechenfehler. Sie legt sanft ihre Hand auf Achims Schulter und sagt: »Komm, versuch's noch mal.« Achim rechnet laut, die Mutter verstärkt den Druck ihrer Hand ein wenig. Achim schaut an der schwierigen Stelle zu ihr auf, sie nickt ihm aufmunternd zu. Er denkt noch mal kurz nach – und siehe da, das Ergebnis stimmt.

Erst auf den zweiten Blick, aber immerhin noch rechtzeitig, hat die Mutter an Achims Haltung, an seiner Mimik gesehen, daß ihr Kind in Not ist. Mit ihrer Zuwendung, der zärtlichen Berührung, dem aufmunternden Blick hat sie ihm geholfen, ihn unterstützt, seine eigene Leistung zu erbringen. Und sie hat sich selbst mit dieser kurzen Geste den Ärger erspart, wenn ihr Sohn wieder einmal stundenlang mit seinen Hausaufgaben »herumtrödelt«.

Beispiel Provokation: Anna, acht Jahre alt, soll ihre Barbie-Puppen samt Zubehör ins Kinderzimmer bringen. Eben ist ihre Freundin Luise gekommen, um sie zum Spielplatz abzuholen. Die Mutter will, daß sie vorher Ordnung schafft. Anna stellt sich breitbeinig vor die Mutter, das Kinn nach oben gereckt, die Hände in die Hüften, die Ellenbogen abgewinkelt und sagt: »Nein, das mache ich, wenn ich wiederkomme.«

Die Mutter ist wütend über den vermeintlichen Trotz ihrer Tochter (in letzter Zeit hat sie sich häufiger in dieser Form ihren Anweisungen widersetzt) und droht: »Du gehst nicht zum Spielplatz, solange das Barbie-Zeug hier liegt!«

Anna nimmt mit einer weitausholenden Geste den ganzen Stapel in die Arme und wirft ihn von der Tür aus ins Kinderzimmer. Und schon ist sie mit ihrer kleinen Freundin verschwunden.

Kinder müssen ihre Eltern manchmal provozieren. Sie müssen sich, wie das Samy Molcho in seinem Buch über die Körpersprache der Kinder erklärt, vergewissern, wie stark Mutter und Vater (aber auch Lehrer und andere wichtige Erwachsene) sind. Sie wollen herausfinden, wo ihre Grenzen liegen. Diese Provokationslust entspringt nicht nur der Frage »wie stark bin ich selbst«, sondern in hohem Maß auch dem Bedürfnis nach Schutz. Nur wer wirklich stark ist, kann mich beschützen, weiß ein Kind intuitiv. Deshalb ist es auch wichtig, daß Eltern nicht immer nachgeben, daß sie ihren Kindern – innerhalb eines großzügigen Rahmens – ihre Grenzen deutlich und unmißverständlich aufzeigen.

Gleichzeitig ist es aber von Bedeutung, daß das Kind nicht immer der Verlierer ist. Sonst kann es seine eigenen Kräfte und Fähigkeiten nicht entwickeln. Insofern hat Annas Mutter richtig reagiert: Sie hat auf ihrem Wunsch nach Ordnung im Wohnzimmer bestanden, hat aber nichts eingewendet, daß das Spielzeug wild im Kinderzimmer herumliegt. Ein Kompromiß, der beiden hilft. Das Kind kennt die Grenze, darf aber noch ein wenig triumphieren: Ich hab's einfach in mein Zimmer geschmissen.

Mit Trotz ist dieses Provokations- und Imponiergehabe nicht zu verwechseln. Trotz drückt sich körperlich meist ganz anders aus: Mit gesenktem Kopf, auf den Boden gerichtetem Blick, Hände vor der Brust verschränkt. Trotz in diesem Alter bedeutet meist auch etwas anderes: Das Kind will mehr Aufmerksamkeit, es fühlt sich vernachlässigt oder verletzt, möchte umworben, in dem Arm genommen, liebevoll gebeten, bestätigt oder getröstet werden.

Beispiel Langeweile: Die zehnjährige Ellen lümmelt ausgestreckt in der Sofaecke. Eine Hand an der Stirn, die Augen halb geschlossen, der Bick etwas abwesend, die Unterlippe leicht vorgeschoben. Ihre Mutter mahnt: »Kannst du dich nicht anständig hinsetzen? Häng doch nicht so herum, hast du nichts zu tun?« Mit einem unwilligen »hhmmm« verlagert Ellen ein wenig ihr Körpergewicht von einer auf die andere Seite. Der Gesamteindruck bleibt. Was Ellen mit ihrer Haltung ausdrückt: Ich langweile mich entsetzlich. Ich bin unzufrieden mit mir und der Welt. Warum muß nur alles so unendlich öde sein.

Es gibt kaum etwas Schlimmeres für heranwachsende Kinder (aber auch schon für die Kleinen) als Langeweile. Dieses Gefühl des totalen Unerfülltseins, der Unlust und gleichzeitig Unzufriedenheit entsteht, wenn zuwenig Reize vorhanden sind. Oder wenn ein Kind in zu starren Abläufen eingezwängt ist, in denen kein Platz für eigene Ideen oder Eingeninitiative bleibt. Natürlich kommt auch dann Langeweile auf, wenn man auf etwas warten muß und nichts dazu tun kann, daß die Zeit schneller vergeht.

Bei heranwachsenden Kindern ist allerdings Langweile nicht immer zu vermeiden. Sie beginnen sich langsam auf ihr Erwachsenenleben vorzubereiten, fühlen sich oft schon recht groß, können und dürfen vieles aber aufgrund ihre Alters doch wieder vieles nicht.

Freilich müssen (und können) Eltern nicht unentwegt die Unterhaltungsmanager ihrer Kinder sein. Unterhaltung ist ohnehin nicht das richtige Gegenmittel für Langeweile. Sie läßt sich am leichtesten mit etwas vertreiben, was das Interesse beansprucht. Hilfreich ist für ein gelangweiltes Kind, sein Interesse zu wecken. Wenn Ellens Mutter also erkennt, warum ihre Tochter »lümmelt«, wird sie nicht an ihrem Benehmen herummäkeln («sitz anständig«), sondern Verständnis aufbringen und vielleicht sogar ein paar Anregungen für Interessantes parat haben: »Langweilst du dich? Ruf doch mal deine Freundin an und lade sie ein. Dann könnt ihr zusammen was unternehmen.« Oder: »Es wäre schön, wenn du mit mir zum Einkaufen kämst. Dann können wir gleich nach einem neuen Rock für dich Ausschau halten.«

In der Gruppe der Größte sein

Jeder Mensch braucht seinen Platz in der Gesellschaft, in der er lebt. Kinder haben in der Familienhierarchie ihren Platz klar vorgegeben. Etwa ab dem Kindergartenalter müssen sie sich aber auch außerhalb der Familie, in der Gruppe anderer Kinder, ihren Platz suchen. Das ist nicht einfach, weil sich die Rangordnungen und Hierarchien in Kindergruppen ständig verändern. Führung und Gefolgschaft sind in ständigem Wandel begriffen, und winzige Kleinigkeiten können das Gefüge nachhaltig verändern.

Jedes Kind will ganz selbstverständlich in seiner Gruppe der Größte sein, will den anderen sagen, wo es langgeht. Manchen Kindern gelingt dies auch auf Anhieb und für längere Zeit. Das ist zum einen eine Frage des Temperaments. Zum anderen eine des Selbstbewußtseins. Am leichtesten haben es sicher Kinder, die lebhaft und selbstbewußt sind, während ein ruhiges und sehr schüchternes Kind nicht so leicht zum Anführer wird.

Je jünger die Kinder sind, desto mehr gilt in der Gruppe das Gesetz des Stärkeren. Stärke wird demonstriert, indem man den anderen schubst, an den Haaren zieht oder während einer Balgerei auch mal richtig verhaut. Stärke kann aber auch mit Drohungen gezeigt werden, etwa mit dem »bösen Blick« oder indem man sich vom anderen abwendet, ihn sozusagen außerhalb der Gruppe einfach stehen läßt. Wer körperlich groß ist, hat es wieder einfacher, denn Größe bedeutet per se auch Stärke. Allerdings reicht die Größe nicht aus, um die Vorrangstellung zu festigen und für längere Zeit aufrechtzuerhalten. Stärke muß ständig unter Beweis gestellt werden. Insbesondere bei Jungen heißt dies: Machtkämpfe sind auch Ringkämpfe.

Mädchen haben zwar gleichermaßen den Wunsch und Anspruch, in der Gruppe eine Führungsrolle zu übernehmen, sie raufen auch, aber meist nicht so wild wie Jungen und nicht so beständig. Es stehen ihnen subtilere Methoden zur Verfügung.

Eltern und andere Erwachsene sollten sich aus diesem Führungsgerangel nach Möglichkeit heraushalten (solange einem Kind nicht ernsthaft wehgetan wird). Denn in diesen körperlichen Auseinandersetzungen lernen Kinder Sozialverhalten. Es entspricht ihrer Entwicklung. Und es macht einem Kind weit weniger aus, wenn es (vorübergehend) seine Vormachtstellung an ein anderes Kind verliert, als dies bei Erwachsenen der Fall ist. Und so verändert sich die Hierarchie fast ständig.

Kinder »unterhalten« sich beinahe körpersprachlich und verstehen sich dabei recht gut.

Kraftproben: Hannes und Lukas, beide sechs, fahren mit ihren Kinderrädern aufeinander zu und stoßen schließlich zusammen. Beide waren darauf vorbereitet, keiner kippt um. Und schon beginnt das wilde Gerangel – wer schafft es, den anderen zu Fall zu bringen? Endlich liegt Hannes samt seinem Fahrrad am Boden. Doch das gibt keineswegs Geschrei. Er springt wieder auf und jagt hinter Lukas her.

Rivalität: Thomas und Norbert spielen Fußball. Beide strecken beim

Laufen die Arme nach außen, die Ellenbogen abgewinkelt. »Ich bin der Wichtigere, ich brauche mehr Platz«, bedeuten sie sich mit dieser Geste.

Einvernahme: Tobias springt von hinten an Philip heran und umfaßt ihn mit beiden Armen – »du gehörst mir, ich will mit dir spielen«. »Kommt nicht in Frage«, heißt die Körperreaktion von Philip. Er reißt seine Arme hoch, versucht sich aus dem Klammergriff zu befreien. Schließlich gelingt es ihm, doch Tobias hat noch seine Hand. Philip dreht sich mit dem Oberkörper weg, zeigt seinem Freund die »kalte Schulter«. Nun gibt Tobias auf, steht einfach so da. Aber Philip rennt nicht etwa weg. Er wendet sich Tobias wieder zu, sein Gesichtsausdruck ist freundlich.

Status-Besitz: Wer nicht zu den Größten und Stärksten gehört, kann sich auch anders Ansehen verschaffen: Er besitzt etwas, was auch die anderen gern haben wollen (bei Kindern ist das beinahe alles, was sie nicht selbst haben). Corinna trägt ihren Schatz, ein neues Federmäppchen, in beiden Händen demonstrativ vor sich her. Lucie, Annegret und Martina nähern sich mit neugierigen, aufmerksamen Mienen. Die Augenbrauen hochgezogen, die Augen weit offen, den Oberkörper nach vorn gebeugt, umringen sie Corinna. Für einige Zeit ist sie nun die Wichtigste in der Gruppe.

Lehrer und Schüler

Ein Kind kann sich seine Lehrer nicht aussuchen. Es ist dem, den es hat, beinahe auf Gedeih und Verderb ausgeliefert. Natürlich können sich umgekehrt auch die Lehrer ihre Klassen nicht so einfach auswählen. Eine Zwangsgemeinschaft also, die wohl oder übel miteinander auskommen muß.

Glück fürs Kind, wenn es an Lehrer gerät, die auch Pädagogen sind. Die wissen, welch große Bedeutung sie für jedes einzelne Kind – insbesondere in den unteren Klassen – haben. Und die in der Lage sind, körpersprachliche Ausdrücke zu verstehen, und sich darüber bewußt sind, wie sehr auch sie selbst den Kindern mit ihrem körperlichen Ausdruck eindeutige Signale geben. Die vor allem ahnen, daß ihre Körpersprache von Kindern intuitiv durchschaut wird. So sehr nämlich Kinder sich mit dem eigenen Körper ausdrücken, so genau registrieren sie körpersprachliche Ausdrücke und verstehen sie.

Ein Lehrer oder eine Lehrerin (Frauen sind auch bei der männlichen Form grundsätzlich mitgemeint), die sich zur Tafel umdrehen, während sie mit einem Schüler sprechen, signalisieren dem Kind damit den Entzug der Aufmerksamkeit, ja Liebesentzug. Das mag Lehrern oft gar nicht bewußt sein, schließlich müssen sie sich umdrehen, um etwas an die Tafel zu schreiben. Aber beim Kind bleibt dieser bittere Eindruck, der oder die mag mich nicht.

Ebenso unglücklich ist ein bei Lehrern häufig anzutreffendes Verhalten: Sie machen eine negative Bemerkung, überreichen eine verpatzte Schularbeit mit einer schlechten Note oder ein schlechtes Zeugnis und lächeln dabei. Das muß noch nicht einmal böse gemeint sein. Vielleicht will der Pädagoge damit nur andeuten, »nimm's nicht so schwer, nächstes Mal wird's bestimmt besser«. Doch Kinder, besonders die jüngeren, verstehen das anders. Sie werten solches Verhalten als Schadenfreude, als Aggression.

Es wäre wünschenswert, daß Lehrer in ihrer Ausbildung auch etwas über Körpersprache erfahren. Nicht nur wegen der Kinder, auch für sie selbst hätte das Vorteile. Ein Lehrer, der schlaff zurückgelehnt auf seinem Stuhl sitzt, mit ausdruckslosem Gesicht seinen Stoff erzählt, wird kaum die Aufmerksamkeit der Klasse erregen. Er wird vielmehr mit Unruhe, Langeweile und Disziplinlosigkeit der Gruppe zu kämpfen haben.

Geht der Lehrer hingegen im wahrsten – körpersprachlichen – Sinn auf seine Klasse zu, kann er auch mit Interesse bei den Kindern rechnen. Ist er den Kindern mit dem ganzen Körper zugewandt, bedeuten die Arm- und Handbewegungen Offenheit, zeigt seine Mimik eigenes Interesse am Stoff, hat er den Oberkörper leicht nach vorn gebeugt (was Aufmerksamkeit dem Menschen gegenüber signalisiert), kann er die Klasse faszinieren und mitreißen. Jeder von uns kann sich wahrscheinlich an einen solchen Lehrer erinnern, der sogar in ein ungeliebtes Fach nur durch seine Persönlichkeit, seine Ausstrahlung, ja seine Körpersprache soviel Spannung gebracht hat, daß es leichtfiel, zu lernen und den Stoff zu behalten.

Kinder zeigen im Unterricht ebenfalls recht deutlich durch Körpersprache, was mit ihnen los ist. Der hochgereckte Arm, womöglich noch verlängert durch einen Stift (um noch eindeutiger Signale auszusenden), der deutliche Blick auf den Lehrer, Mundwinkel nach oben, Körper nach vorn geneigt, heißt: Ich weiß was, ich möchte aufgerufen werden. Kommt dieses Kind nicht dran, zeigt sich seine Enttäuschung ebenso schnell. Vielleicht hält es beim nächsten Mal seinen Arm noch hoch, doch der Finger ist nicht mehr ausgestreckt. Der Körper ist zurückgelehnt, die Augen leicht geschlossen, Blickkontakt nicht möglich, Mundwinkel nach unten oder Lippen fest aufeinandergepreßt. Das bedeutet Resignation. »Wahrscheinlich melde ich mich wieder vergeblich.« Und wahrscheinlich behält das Kind sogar recht. Denn mit dieser Haltung fordert es die Reaktion des Lehrers nicht heraus. Er wendet sich vermutlich einem aufmerksameren Kind zu.

Die Mißachtung oder Mißdeutung körpersprachlicher Signale kann zwischen Kind und Lehrer zu vielen Mißverständnissen führen (ebenso, wie zwischen Eltern und Kind). Schlimmstenfalls kommt dabei heraus, daß das Kind mit dem Lehrer nicht kann oder umgekehrt. Schlimm deshalb, weil das Kind dann meist seine Lust am Lernen verliert. Es schaltet im Unterricht ab, quält sich durch die Hausaufgaben, schreibt schlechte Noten. Den Schaden trägt es ganz allein.

In solchen Fällen braucht ein Kind die Hilfe seiner Eltern. Sie sollten mit ihm und mit dem Lehrer/der Lehrerin reden, versuchen herauszufinden, was zu den Konflikten geführt hat. Es kann zum Beispiel sein, daß der Lehrer meint, das Kind wäre zu vorlaut, während sich das Kind einfach nur zurückgesetzt fühlt und immer wieder versucht, Aufmerksamkeit zu bekommen. Ein klärendes Gespräch mit den Eltern könnte das Mißverständnis auflösen. Wichtig dabei: Voll hinter seinem Kind stehen, den Lehrer aber nicht angreifen, sondern um sein Verständnis werben. Solche Gespräche wirken manchmal Wunder.

Frustrationen sind nicht zu vermeiden

Michael kommt aus der Schule nach Hause und erzählt seiner Mutter, daß er sich für den Nachmittag mit Tobias verabredet hat. Sie wollen gleich nach den Hausaufgaben auf den Bolzplatz zum Fußballspielen. Doch die Mutter erklärt ihm, daß heute nachmittag ein Besuch beim Zahnarzt ansteht, der Termin wurde längst vereinbart. Mit Fußballspielen wird es nichts. Michael muß seinen Freund anrufen und absagen. Was Michael jetzt fühlt, nennt man Frustration: eine Enttäuschung, weil das, was er sich vorgenommen, worauf er sich gefreut hat, nicht klappt.

Ein Kind muß von Anfang an Frustrationen verdauen. Das beginnt bereits beim Baby, wenn es beispielswiese Hunger hat und die nährende Mutterbrust auf sich warten läßt. Das Krabbelkind ist frustriert, wenn es ein Spielzeug nicht erreicht, weil es zu hoch liegt. Später will es vielleicht einen Turm bauen, doch die Bausteine purzeln immer wieder durcheinander. Oder es will noch am Spielplatz in der Sandkiste buddeln, doch die Mutter bringt es nach Hause. Ergebnis jedesmal: Frust.

Frustrationen kann man einem Kind nicht ersparen. Man soll es auch nicht. Denn es gehört zur gesunden Entwicklung, daß das Kind lernt, mit Frustrationen fertig zu werden. Mit diesen Erfahrungen lernt es, zwischen sich und der Außenwelt zu unterscheiden. Sie regen es zu eigener Aktivität an (beispielsweise das Baby, zu schreien, damit die Mutter kommt). Frustrationen können ein Motor sein, sich selbst weiterzuentwickeln, vorwärtszubringen.

Allerdings dürfen sie nicht zu heftig und auch nicht zu häufig sein. Sonst resigniert das Kind, Depression oder Verhaltensstörungen sind die Folge. Deshalb ist es auch wichtig, daß Eltern ihren Kindern beistehen, wenn sie Frustrationen überwinden müssen.

Was tut Michaels Mutter aus obigem Beispiel? Sie sagt: »Ich weiß, daß du jetzt enttäuscht bist, weil du dich auf den Nachmittag am Bolzplatz gefreut hast. Aber der Termin beim Zahnarzt läßt sich nicht verschieben. Frage doch deinen Freund, ob er morgen Zeit hat, Fußball zu spielen. Dann hast du den ganzen Nachmittag Zeit.«

So hat sie ihrem Sohn Verständnis für seine miesen Gefühle entgegengebracht und ihm eine Perspektive aufgezeigt. Und das, obwohl er ziemlich zornig reagiert und gedroht hatte, beim Zahnarzt den Mund nicht aufzumachen.

Kinder (und auch viele Erwachsene) reagieren häufig aggressiv auf Frustrationen. Sie stampfen mit dem Fuß auf, kreischen »nein ich will nicht«, ziehen die Augenbrauen zusammen oder ballen die Fäuste. Manchmal sind sie auch trotzig-beleidigt, schieben die Unterlippe nach vorn, senken den Kopf, lassen die Schultern hängen. Wenn Eltern kein so großes Einfühlungsvermögen besitzen oder bereits verärgert sind, weil das Kind heftig auf die Enttäuschung reagiert, deuten sie die Signale oft falsch – als Widerspruch, Widerstand oder

Trotz. Das ist schade. Denn ein Kind, das frühzeitig und kontinuierlich die Erfahrung von Verständnis und davon macht, daß das enttäuschende Gefühl vorübergeht, daß es auch noch andere Möglichkeiten gibt, als die eben ins Wasser gefallene, lernt besser mit Frustrationen umzugehen.

Es steigert seine »Frustrationsschwelle«, wie es im Fachjargon heißt. Menschen mit hoher Frustrationsschwelle, also solche, die eine Menge Enttäuschung verkraften können, ohne zu resignieren oder aggressiv zu werden (was ihnen letztlich meist selbst schadet), kommen leichter durchs Leben.

Warum Kinder lügen

Thorsten, acht Jahre, steht vor seiner Mutter. Seine Schultern hängen nach unten, er vermeidet den Blickkontakt, schaut mehr auf den Boden als ins Gesicht der Mutter, spielt mit seinen Fingern am Mund, hält sich beinahe die Hand vor, während er spricht. Es geht um eine Blumenvase, die die Mutter vermißt. Ob Thorsten sie genommen hat, will sie wissen. Und Thorsten behauptet »nein«, er wüßte nicht, wo die Vase ist. In Wahrheit weiß Thorsten sehr genau über den Verbleib der Vase Bescheid. Sie schmückt das Baumhaus, das sich er und seine Freunde im nahegelegenen Park gebaut und gemütlich eingerichtet haben.

Natürlich kommt nach längerer Befragung doch die Wahrheit ans Licht. Die Mutter hatte längst bemerkt, daß ihr Sohn nicht ehrlich ist, und so lange insistiert, bis er seine Schandtat zugab. Sie ist enttäuscht und wütend und zeigt das auch.

Für die meisten Eltern gehört Ehrlichkeit zu den wichtigsten Erziehungszielen. Was viele dabei übersehen ist, daß diese Erziehung meist recht einseitig ist. Vom Kind wird die totale Aufrichtigkeit erwartet, während sich Erwachsene kleine Alltagsnotlügen durchaus gestatten und sich auch gegenseitig nicht übelnehmen.

Doch warum lügen Kinder überhaupt? Was heißt Wahrheit für ein Kind, was Lüge?

Etwa bis zum sechsten Lebensjahr können Kinder recht wenig mit diesen Begriffen anfangen. Sie haben ihre eigenen Wahrheiten, die stark geprägt sind von ihrer Phantasie, ihren Wünschen und Sehnsüchten. Für ein Vierjähriges ist der ausgedachte Freund Realität, ein Dreijähriges glaubt fest daran, daß der Wind das Marmeladenglas vom Tisch gepustet hat, als es am Tischtuch zog. Hier von Lüge zu sprechen wäre einfach falsch.

Sechs-, Sieben-, Achtjährige können hingegen schon recht gut zwischen Phantasie und Wirklichkeit trennen. Wenn sie etwas Falsches sagen, wissen sie ziemlich genau, was sie tun. Auch die Vorsätzlichkeit, in unserem Rechtsempfinden die Voraussetzung für die Verwerflichkeit einer Tat, kommt in dieser Altersgruppe dazu.

Trotzdem tun wir einem Kind bitter Unrecht, wenn wir seine Lügen in die Kategorie »Straftat« einordnen. Und zwar aus mehreren Gründen:

1. In Sachen Wahrheit haben Kinder schlechte Vorbilder. Sie erleben beinahe täglich, daß Eltern oder andere Erwachsene nicht bei der Wahrheit bleiben. Sagt beispielsweise der Vater beim Klingeln des Telefons zur Mutter (manchmal sogar zum Kind!): »Geh du ran, und wenn es meine Mutter ist, sag, ich bin nicht zu Hause.« Oder es hört von der Mutter, wie sie Tante Frieda freundlich begrüßt, »wie schön, daß du da bist«, über die sie doch noch am Tag vorher gejammert hat, »schrecklich, daß uns diese alte Nervensäge schon wieder heimsuchen muß« (natürlich war das nicht für die Ohren des Kindes bestimmt). Oder das Kind sieht beim Einkaufen, daß etliche Scheine in Mutters Geldbörse liegen, aber als Antwort auf seinen

Wunsch nach einem neuen Spielzeugauto bekommt es zu hören, »nein, das geht nicht, ich habe kein Geld«. Ende der Erklärung. Oder, die Mutter meldet ihr Kind am Freitag in der Schule krank, weil die Familie ein verlängertes Wochenende verreisen will. Hinzu kommen die vielen kleinen Versprechungen, »wir gehen am Sonntag in den Zoo«, »wenn du jetzt brav bist, bekommst du später ein Eis«, »wenn Opa zu Besuch kommt, machen wir einen Ausflug« usw., die dann doch nicht eingehalten werden. Wie soll das Kind also lernen, was Wahrheit und was Lüge ist? Warum soll es selbst etwas nicht dürfen, was doch bei allen anderen in Ordnung ist?

2. Spätestens, wenn sie zur Schule kommen, lernen Kinder recht schnell, daß Unehrlichkeit oft mehr Vorteile bringt, während die totale Ehrlichkeit Nachteile haben kann: Wenn ich beim Nachbarn aufs Blatt schaue und eine richtige Lösung abschreibe, wird meine Note besser. Wenn ich zugebe, daß ich auf dem Schulweg getrödelt habe, bekomme ich wahrscheinlich eine Strafarbeit. Sage ich hingegen, der Bus hatte Verspätung, passiert mir nichts. Der Beispiele gibt es viele.
3. Die Motive fürs Lügen sind bei Kindern kaum böse. Sie sagen zum Beispiel »ich war's nicht«, weil sie nichts so sehr wünschen, es nicht gewesen zu sein. Oder weil sie sich vor der Strafe fürchten, oder weil sie Mutter und Vater nicht enttäuschen wollen. Manchmal erfinden sie auch etwas, um Aufmerksamkeit zu erhalten, um interessant zu sein.

Kinderlügen sind meist sehr leicht durchschaubar. Kaum eine Mutter, die nicht sofort weiß, wann ihr Kind lügt. »Das sehe ich sofort«, sagt die Mutter. Das Kind kann seine Unsicherheit und Anspannung, sein schlechtes Gewissen nicht verheimlichen. Sein Körper spricht die Wahrheit: hochgezogene Schultern, gesenkter Blick oder zusammengekniffene Augen, die Hand vor dem Mund (es soll eigentlich gar nicht herauskommen, was ich da sage), nervös ineinanderverschränkte Finger oder der mißglückte Versuch, ein »Pokerface« aufzusetzen, möglichst durch Mimik nichts zu erkennen geben, verraten das Kind.

Die bessere Reaktion, als zu insistieren, womöglich mit Strafen zu drohen, wütend zu schimpfen, Enttäuschung zu zeigen: eine Atmosphäre der Offenheit herstellen. Dem Kind zeigen, daß es nichts zu befürchten hat, wenn es die Wahrheit sagt. Ihm erklären (und auch gestatten), daß im Zusammenleben mit Menschen kleine Notlügen erlaubt sind. Beispielsweise, um jemanden nicht zu kränken («deine Nase ist ja riesengroß«). Dem Kind auch einmal erlauben, nichts zu sagen, die »Aussage zu verweigern«, damit es in seiner Not nicht lügen muß. Und gemeinsam mit ihm hinterfragen: Warum lüge ich? Welchen Vorteil habe ich davon (meist keinen, weil eine Lüge oft weitere nach sich zieht und man sich letztlich damit selbst einen schlechten Dienst erweist)? Schade ich jemandem anderen damit (dann ist die Lüge auf jeden Fall abzulehnen)?

Nicht stören: Konzentration

Das Wörterbuch übersetzt Konzentration mit »Zusammendrängung, Zusammenballung«. Beim konzentrierten Kind drängt sich die gesamte Aufmerksamkeit, das Interesse zusammen auf einen bestimmten Gegenstand. Zum Beispiel eine Mathematik-Aufgabe oder ein Spiel oder ein Buch. Typische Körperhaltung: Ellenbogen aufgestützt, beide Hände an der Stirn, vielleicht auch über den Ohren, Handflächen Richtung Kopf, Blick intensiv auf das Objekt der Konzentration gerichtet. Der Rücken ist dabei oft rund, der gesamte Körper, die ganze Haltung, macht den Eindruck einer Kugel, Außenreize werden symbolisch abgeschirmt.

Ist diese kugelige Haltung nicht möglich, etwa beim Sport oder beim Spielen eines Instruments, werden die Außenreize durch Blick und Mimik abgeschirmt. Deutlich bei Musikern oder Sportlern in Aktion zu sehen: Der Blick ist nach innen oder auf ein nicht existentes Ziel gerichtet, die Gesichtsmuskulatur in gewisser Weise angespannt oder völlig entspannt – zumindest hat das konzentrierte Gesicht meist einen völlig veränderten, fremden Ausdruck.

Wenn eine Mutter ihr dermaßen konzentriertes Kind so »aufgestützt« über seinen Schularbeiten sitzen sieht, kann es leicht passieren, daß sie die Haltung mißversteht. »Warum träumst du, anstatt deine Aufgaben zu machen«, mag sie dann sagen. Schade, denn damit reißt sie das Kind aus seinen Gedanken, unterbricht das »Zusammenballen« der geistigen Kräfte. Und das fällt Schulkindern heute ohnehin meist nicht leicht.

Hilfe – das Kind wird erwachsen

»Sie scheinen jetzt das Wohlleben zu lieben, haben schlechte Manieren und verachten die Autorität, sind Erwachsenen gegenüber respektlos und verbringen ihre Zeit damit, herumzulungern und miteinander zu plaudern. Sie widersprechen ihren Eltern, nehmen Gespräch und Gesellschaft für sich allein in Anspruch, essen gierig und tyrannisieren ihre Lehrer.« Was wie der aktuelle Stoßseufzer geplagter Eltern über die Jugend von heute klingt, ist ein Statement, das über 2000 Jahre alt ist. Die auch heute noch ziemlich treffende Beschreibung pubertierender Jugendlicher stammt vom griechischen Philosophen Sokrates.

Die Pubertät oder Adoleszenz bricht zwischen dem 10. und 14. Lebensjahr über Eltern und Kinder gleichermaßen herein. Wobei Fachleute einen Unterschied zwischen den beiden Begriffen machen: Pubertät wird die Zeit der rein körperlichen Veränderungen (die aber teilweise dramatische psychische Auswirkungen haben) zwischen dem 10. und etwa 16. Lebensjahr genannt. Unter Adoleszenz wird die gesamte Jugendzeit (einschließlich der Pubertät) bis zur endgültigen Unabhängigkeit von den Eltern verstanden. In unserer Kultur also ein Zeitraum vom 10. bis zum 28. Lebensjahr, je nachdem, wie lange die Ausbildung dauert.

Für Mütter und Väter spielen diese Begriffe aber keine große Rolle. Sie müssen, ebenso wie ihr Kind, mit dieser »schwierigsten

Zeit im Leben eines Menschen«, wie diese Phase von vielen Experten genannt wird, fertig werden.

Berg- und Talfahrt der Gefühle

Annegret, zwölf Jahre alt, war immer ein besonders fröhliches, unkompliziertes und nettes Kind. Seit kurzem ist das ganz anders. Sie kommt nachmittags vom Schwimmkurs, läßt ihre Sachen gleich hinter der Wohnungstür auf den Boden fallen, stürmt ins Wohnzimmer, wirft sich ausgestreckt in einen Sessel und meckert drauf los: »Dieser Schwimmkurs ist total bescheuert. Ich geh' bald nicht mehr hin.« Sie hat weder zu ihrer Mutter guten Tag gesagt, noch die geringste Notiz von der Freundin ihrer Mutter genommen, die zum Kaffeetrinken eingeladen ist. Die beiden Frauen sehen sich an; die Mutter fragt noch: »Aber warum denn?« Doch aus Annegret ist nichts mehr herauszubekommen. Mit finsterer Miene steht sie schließlich auf und schlendert aus dem Raum.

Miese Stimmung gehört zu der Übergangsphase vom Kind zum Erwachsenen. Das wissen viele Eltern wahrscheinlich noch von sich selbst. Dabei muß es keineswegs heißen, daß ein Jugendlicher immer nur schlecht gelaunt ist. Was Erwachsenen und Kindern (man sollte nie vergessen, daß es den Nachkömmlingen dabei auch nicht gut geht) so große Probleme bereiten kann, ist der Stimmungswechsel. Das ständige Auf und Ab. Einmal bester Dinge, gut gelaunt mit Lust auf Unternehmenungen, Treffen mit Freunden, Aktivitäten. Und kurz darauf, ohne Vorwarnung, dieses Tief. Der Wunsch nach Einsamkeit, der Ekel vor der Welt, die Wut auf sich selbst und alle anderen.

Klaus, 13, zum Beispiel, bisher begeisterter Liebhaber all dessen, was seine Mutter gekocht hat, kann nun von der Schule heimkommen, den gedeckten Tisch mit einem Seitenblick taxieren, den Kühlschrank aufreißen und murren: »Wieder nichts zum Essen im Haus.« Dann geht er zum Schnellimbiß um die Ecke und legt sein Taschengeld in Fast Food an. Doch schon am nächsten Tag, ja sogar am selben Abend kann Klaus wieder der liebe, charmante Junge sein, der er immer war. Dann schaut er seiner Mutter beim Kochen über die Schulter, sagt: »Hmm, das duftet, Mami, du bist doch die Beste. Krieg ich eine Doppelportion?«

Oder Alexandra, 16. Sie ist der Party-Star unter ihren Freunden, wird dauernd eingeladen, ist viel unterwegs. Aber dann hat sie Nachmittage, an denen sie sich in ihrem Zimmer vergräbt, mißmutig stundenlang zur Decke starrt, immer und immer wieder dieselbe Platte abspult und schwört, nie mehr aus dem Haus zu gehen.

Es ist eine Zeit wie Feuer und Wasser. Der Jugendliche liebt und haßt seine Eltern gleichzeitig. Er (oder sie) ist mit sich selbst aber meist am allerwenigsten zufrieden. Auf der einen Seite sind Heranwachsende Kinder. Mit allen Wünschen und Bedürfnissen nach Liebe, Zuwendung, Zärtlichkeit, Ver-und-Umsorgt-Werden. Gleichzeitig sind sie Erwachsene. Wollen erwachsen sein und auch so behandelt werden. Keiner soll ihnen etwas vorschreiben; etwa wann sie abends nach Hause kommen müssen, wie sie sich kleiden sollen, mit wem sie sich treffen dürfen oder was sie in ihrer Freizeit unternehmen. Sie schwärmen und träumen, sind romantisch und schwelgen in Gefühlen. Sie sind aber auch rational, machen konkrete Zukunftspläne, reden vernünftig, interessieren sich für die Welt der Erwachsenen.

Mütter und Väter haben ihre liebe Not, sich auf diese Wechselbäder einzustellen. Was sollen sie tun, wenn der 14-jährige Sohn mit zerrissenen Jeans und wirrem Haar durch die Wohnung schlurft? Die Schultern nach vorn geneigt, der Blick abwehrend, Mundwinkel nach unten gezogen? Oder wenn die Tochter mit ihren 13 Jahren sich die Lippen anmalt, die abgekauten Fingernägel lackiert und sich um die Augen ganz schwarz schminkt, das ganze Mädchen Provokation ausstrahlt?

Schimpfen, toben, meckern – das alles hilft nichts. Es macht die Situation nur schlimmer, den Graben zwischen Eltern und Kind noch tiefer.

So schwer es Eltern in dieser Zeit fallen mag: Sie sollten sich an die eigene Pubertät zurückerinnern. An die Probleme mit den eigenen Eltern, den Streit, die Wut, die Trauer und Depression, die sie hatten. Auch wenn »damals die Zeiten ganz anders« waren, wenn die eigene Pubertät (scheinbar) viel reibungsloser verlaufen ist, man sich »so etwas« wie die Kinder heute niemals geleistet hätte – Verständnis und Toleranz sollte jetzt die Losung heißen. Nur das hilft diese schwierige Phase zu bewältigen.

Mütter und Väter sollten nicht an sich selbst zweifeln, ihre Erziehung nicht in Frage stellen, nicht glauben, sie hätten etwas falsch gemacht (und jetzt Versäumtes nachholen). Sie müssen vielmehr wissen, daß ihre halberwachsenen Kinder durcheinander, verwirrt, traurig, fröhlich, unglücklich und unsicher gleichzeitig sind. Und daß sie diese Gefühlsstürme allein bewältigen müssen. Sie wissen plötzlich nicht mehr, wer sie sind. Sie spüren, daß sie etwas Wichtiges, nämlich ihre Kindheit, unwiderruflich verlieren. Das macht Angst und führt zu teilweise unverständlichen und im wahrsten Sinne ver-rückten Reaktionen.

Plötzlich paßt der Körper nicht mehr

Die augenscheinlichsten Veränderungen der Pubertät geschehen mit dem Körper – innerlich und äußerlich. Während das Kind bisher gewachsen ist und sich körperlich verändert hat, ohne daß es selbst groß Notiz davon nahm, erlebt der Jugendliche diese Umwälzungen an und in sich ganz bewußt (was ihn verunsichert und verwirrt). Diese körperlichen Veränderungen beginnen heute immer früher – meist zwischen zehn/elf und 14 Jahren.

Die ersten Veränderungen geschehen unmerklich. Sie finden anfangs meist ihren Ausdruck nur im oben beschriebenen Verhalten: Die Produktion und Ausschüttung männlicher und weiblicher Sexualhormone kommt in Gang. Der erhöhte Hormonspiegel führt einmal zu einem enormen Längenwachstumsschub. In einem Zeitraum von zwei bis drei Jahren kann das Kind pro Jahr zehn bis zwölf Zentimeter in die Höhe schießen. Diese Wachstumsgeschwindigkeit bewirkt, daß Gliedmaßen und Rumpf überhaupt nicht mehr zusammenpassen. Die typischen Bewegungen Pubertierender sind staksig, schlenkernd, unbeholfen und linkisch. Die Jugendlichen scheinen nicht mehr zu wissen, wo und wie sie Arme und Beine unterbringen sollen. Alles wirkt unproportioniert an ihnen, eckig und kantig (wie ihr Benehmen).

Mitten in diesen Wachstumsschub hinein beginnen Achsel- und Schambehaarung zu sprießen. Je jünger sie sind, desto peinlicher ist vielen Kindern dieser Haarwuchs. Sie verschließen plötzlich die Badtür, keiner darf sie mehr nackt sehen (und in der Regel wollen auch aufgeklärte und liberal erzogene Kinder ihre Eltern plötzlich nicht mehr nackt sehen). Eltern sollten dieses Schamgefühl respektieren.

Mit den ersten Härchen beginnen bei Mädchen die Brüste zu wachsen, Jungen bekommen den ersten Flaum auf der Oberlippe, und ihre Stimme wird brüchig. Penis und Hoden nehmen deutlich an Größe zu, und langsam wird der Junge auch in den Schultern breiter, bekommt die typische Männerfigur. Mädchen hingegen werden etwas runder, das für Frauen typische Unterhautfettgewebe nimmt zu.

Etwa zwei Jahre nach Beginn des Brustwachstums bekommen Mädchen ihre erste Menstruation (Fachausdruck: Menarche). Jetzt haben auch die Eierstöcke ihre Arbeit aufgenommen – biologisch gesehen ist das Mädchen eine erwachsene Frau, mit der Möglichkeit schwanger zu werden.

Jungen haben ihre erste Ejakulation (meist nachts, ohne daß sie etwas dazu tun, was für viele Jungen erschreckend ist): sie sind – biologisch – zum zeugungsfähigen Mann herangereift (was Eltern spätestens jetzt bei ihren Kindern veranlassen sollte, über Verhütung zu sprechen).

Eine der Folgen der dramatischen körperlichen Umwälzungen während der Pubertätsjahre ist, daß die Jugendlichen ihr kindliches Aussehen vollständig verlieren. Das kann so rasch vonstatten gehen, daß manche Eltern glauben, ihr Kind nicht wiederzuerkennen. Die Nase erhält jetzt ihre endgültige Form (die vererbt wird); das Gesicht wird oft schmal und hager; die Hormone verursachen nicht selten unschöne Pickel.

Das führt dazu, daß sich die Kids meist häßlich fühlen, und das macht sie noch unglücklicher, als sie ohnehin schon sind. Dazu kommen oft noch körperliche Beschwerden, niedriger Blutdruck durch das schnelle Wachstum, Müdigkeit, Abgeschlagenheit, Schwindelgefühle, Rücken-, Glieder- oder Gelenkschmerzen.

Haltung: Vorwiegend abgeschlafft

Ihr tatsächliches körperliches Unwohlsein drücken Jugendliche mit ihrer ganzen Körperhaltung aus. Sie bieten ein Bild des Jammers, hängen abgeschlafft herum, halten sich gekrümmt, machen ein Gesicht »wie Regenwetter«, wirken niedergeschlagen. Der junge Mensch hat in seinem Körper offenbar nicht mehr richtig Platz, nichts paßt mehr.

Auch aufmerksame Eltern, die über die Jahre gelernt haben, körperliche Signale ihres Kindes wahrzunehmen und richtig zu deuten, tun sich jetzt oft schwer. Denn was Jugendliche mit ihrer Körpersprache sagen, ist widersprüchlich und leicht mißzuverstehen. Sie geben sich meist abweisend, ja teilweise sogar aggressiv. Dabei kommt es gar nicht darauf an, ob sie sich nun gerade körperlich schlecht fühlen, ob sie ihre Eltern unmöglich oder die Welt beschissen finden, ob sie keinen Bock auf Schule haben oder ihnen Ökologie, Umwelt und Kriege angst machen.

Häufig hängen Kopf und Schultern, ist der Rücken rund wie ein Katzenbuckel, sind die Bewegungen abgehackt und zackig – ist nichts harmonisch. Obwohl sie es nicht zeigen, nicht zeigen können, brauchen sie aber die Zuwendung, das Interesse, die Hilfe und vor allem die Stärke ihrer Eltern. Sie »häuten« sich wie ein Reptil, sind verletzlich wie rohe Eier und wirken deshalb oft so verschlossen wie eine Auster.

Für Mütter und Väter ist es nicht leicht, einem Kind, das offensichtlich auf Abwehr eingestellt ist, entgegenzukommen. Aus verschiedenen Gründen, die nicht nur bei den Jugendlichen liegen. Denn oft haben die Eltern gerade jetzt eigene Probleme. Sie sind in den mittleren Lebensjahren, eine beinahe ebenso kritische Zeit wie die Pubertät. In vielen Ehen kriselt es. Männer brechen aus der Ehe aus und nehmen sich jüngere Freundinnen. Frauen wollen nicht länger in der Abhängigkeit leben, suchen sich einen Job oder eine andere Betätigung außerhalb der Familie oder reichen die Scheidung ein, weil sie lieber allein leben, als mit einem Mann, der sie betrügt.

Das verstellt Eltern leicht den Blick für die Notruf-Signale ihres heranwachsenden Kindes. Schließlich ist es selbständig, tut meist sowieso, was es will, hält sich nicht an Ge- und Verbote, kommt und geht, wie es ihm paßt.

»Meine Tochter will mich ja gar nicht«, erklärt Nadjas Mutter. »Ich bin in ihren Augen altmodisch und langweilig. Es gilt nur, was ihre Freundinnen sagen. Ich habe ohnehin immer unrecht, verstaubte

Ansichten. Warum soll ich ihr hinterherlaufen?« Genau das aber bräuchte die Tochter. Eine Mutter, die sie fragt (»Wie geht es dir?«, »Was sagen deine Freundinnen dazu?«, »Hat dir die Party Spaß gemacht?«, »Was hast du heute abend vor?« usw.). Aber auch eine Mutter, die weder bohrt noch verbietet, noch abwertet (»Wie siehst du denn schon wieder aus; kannst du dich nicht grade halten; unmöglich, wie deine Freundin rumläuft...«). Sondern eine Mutter, die Interesse zeigt, auf keinen Fall wegen einer patzigen Antwort beleidigt ist und signalisiert: »Ich respektiere deinen Willen, bin aber bereit, dir zu helfen, wenn mal was schiefgeht.«

Das ist ziemlich viel verlangt von den Eltern. Andererseits hat beispielsweise eine Untersuchung von Jugendlichen, die kleinere Straftaten verübt hatten, gezeigt, daß deren Eltern seit Monaten weder wußten, wo sich ihre Kinder den ganzen Tag herumtrieben, noch, was sie taten. Unter den von der Polizei Registrierten war kein einziger, dessen Eltern über seinen Tagesablauf Bescheid wußten.

Für Eltern kann es eine große Enttäuschung sein, wenn sich das bisher so umgängliche Kind plötzlich negativ verändert. Schließlich haben alle Eltern Erziehungsziele, haben ziemlich konkrete Vorstellungen davon, wie und was ihr Kind werden soll. Während der Pubertät sieht es dann auf einmal so aus, als wären alle Bemühungen vergeblich gewesen. Das Kind wird seinen Eltern fremd.

Da fällt es natürlich besonders schwer, die Zügel zu lockern und den Fähigkeiten des Kindes zu vertrauen, sich letztendlich auf die eigenen Erziehungskünste zu verlassen. Doch vermutlich geht es nicht anders, will man mit dem Jugendlichen im Gespräch bleiben. Und dieses Gespräch ist wichtig. Nur, wenn Eltern mit ihrem 13-, 15- oder 17-jährigen Kind reden können, wissen sie auch, was es tut, welche Leute es kennt, wo es sich aufhält und was es vorhat. Welche Ängste es plagen und wie es sich fühlt. Und nur dann können sie sanft und vorsichtig versuchen einzugreifen, wenn etwas ganz schiefzugehen droht.

Erfolg wird ihnen allerdings nur dann beschieden sein, wenn sie vollständig auf Vorwürfe oder Verbote verzichten und statt dessen mit Verständnis, Konsequenz und Argumenten reagieren und im Zweifelsfall Unterstützung anbieten. Keine leichte Aufgabe, wie alle Eltern von Halbwüchsigen wissen; aber auch kein Grund für Schuld- oder Versagensgefühle, wenn das alles nicht reibungslos klappt. Das kann es gar nicht.

Der ganz besondere Blick

Julia, 14, ist mit ihrer Mutter Klamotten kaufen. Beide sollen heute ein neues Sommerkleid bekommen. Die Verkäuferin wuselt um die Frauen herum, schleppt ein Modell nach dem anderen an. Für die Mutter in gedeckten Farben, für die Tochter etwas flippiger. Schließlich geht Julia an den Kleiderständer mit der mütterlichen Größe und holt ein ziemlich ausgefallenes Stück. Mit einem verschmitzten Lächeln und einem Seitenblick auf die Verkäuferin aus halbgeschlossenen Augen sagt sie: »Mama, probier mal das. Ich finde, du kannst es mit deiner Figur gut tragen.«

So schwierig und problematisch die Zeit der Pubertät auch ist, es gibt immer wieder Phasen, in denen sich Eltern und Kinder gut verstehen. Auf einer neuen, einer erwachsenen Basis. Gut, wenn Eltern auf die Freundschaftsangebote ihrer Kinder dann auch eingehen können. Wenn sie nicht noch vom letzten Ärger taub dafür sind.

Oft ist es nur der kleine Blick, der Schalk in den Augenwinkeln, der Eltern zeigt: Im Moment bin ich gut drauf, du kannst mein Verbündeter sein.

Aber die Augen können auch andere Signale senden. Sie sind das Verräterischste, was wir an Körperausdruck haben. Sie lassen sich beinahe überhaupt nicht kontrollieren und manipulieren. Jugendliche müssen das spüren. Sie versuchen häufig ihre Gefühle zu verbergen, wollen immer nur »cool« sein. Deshalb muß man meist genau hinschauen, wenn man einen Blick erhaschen will, denn die Augen sind oft halb geschlossen.

Doch auch halb geschlossene Augen sagen eine Menge. Der Blick kommt ja nicht nur vom Augapfel oder der Pupille. Die ganze Mimik, besonders die Bewegungen der Muskeln um die Augenpartie, der Mund und die Haltung des Nackens machen den Ausdruck aus.

Mißtrauen: Ein Auge offen, die Augenbraue hochgezogen, das andere Auge halb geschlossen. Der jugendliche Zuhörer ist gespalten. »Ist das wirklich dein Ernst?« will er damit sagen. »Werde bitte etwas deutlicher, sonst verstehe ich gar nichts.« Oder: »Willst du mich schon wieder wie ein kleines Kind behandeln? Dann hast du nichts von mir zu erwarten.«

Abwehr: Die Augen sind zusammengekniffen, die Augenbrauen in der Mitte zusammengezogen, über der Nase kann sich sogar eine Querfalte bilden. Aus den Augenschlitzen scheinen Blitze zu kommen. »Du kannst das nicht von mir verlangen«, mag dieser Blick bedeuten. Oder: »Das gefällt mir nicht, da will ich gar nicht hinsehen.« Oder: »Laß mich bloß in Ruhe.«

Nachgeben: Der Kopf ist leicht schräg nach vorn geneigt, die Augen sind gesenkt, das Gesicht entspannt. »Gut«, kann das heißen, »ich gebe nach. Ich mache was du von mir willst, ziehe meine zerrissenen Jeans aus und einen Rock an, wenn wir deine Freundin besuchen.« Dieser Blick kann die Bereitschaft bereits signalisieren, während aus dem Mund noch ein ungeduldiges »muß das denn wirklich sein?« kommt. Es lohnt sich also darauf zu achten.

Offener Kampf: Starres Gesicht, weit offene Augen, fixierender Blick, zusammengekniffene Lippen, steifer Nacken. Gerade im Streit mit den Eltern ist diese Haltung beim Jugendlichen oft zu beobachten. Oder, wenn er oder sie etwas unbedingt durchtsetzen wollen, was die Eltern verbieten, z. B. abends länger ausgehen. Es heißt »Das geht zu weit. Du kannst Streit haben, wenn du unbedingt darauf bestehst. Ich werde keinen Schritt zurückgehen. Mal sehen, wer der Stärkere ist.«

Es kann vorteilhaft sein, wenn Eltern in einer solchen Situation ein kleines Stück nachgeben, vielleicht einen Kompromiß anbieten. Sich auf den Machtkampf einzulassen, bringt meist recht wenig; man verdirbt sich dabei die Chance der Diskussion, des Gesprächs.

Abwesenheit: Die Augen sind halb geschlossen. Der Blick scheint nach innen gerichtet oder auf einen Punkt im Universum (manchmal auch auf die eigenen Schuhspitzen). »Ich bin weit weg. Ganz woanders, als du mich haben willst. Und ich denke nicht daran, jetzt zurückzukommen.« Jetzt ein Gespräch erzwingen zu wollen, wäre ziemlich sinnlos. Die Augen signalisieren »ich bin nicht da und auch nicht bereit zuzuhören«.

Jugendliche können zum Leidwesen ihrer Eltern ganz hervorragend abschalten – das ist auch eine Form der Abwehr.

Mißachtung: Ein beliebtes Provokationsspiel in diesem Alter heißt »du existierst nicht für mich«. Das Kind antwortet zwar auf Fragen, hebt aber nicht eine Sekunde den Blick dabei; schaut beispielsweise weiterhin auf sein Buch oder sonst wohin. Es verletzt damit ein Ritual, wie es Samy Molcho beschreibt. Das kurze Blickritual, das auch zwischen Fremden in einem Aufzug normal ist: Man schaut kurz hin, bestätigt den anderen in seinem Vorhandensein und blickt wieder weg.

Zwischen vertrauten Personen kann die Verletzung dieses Rituals die Absicht der Kränkung beinhalten.

Vielsagende Gesten

Die Mutter ist verärgert, weil Anna, 15, das Chaos in ihrem Zimmer immer noch nicht beseitigt hat. Anna steht vor ihr, hört sich mit gesenktem Kopf schweigend die Standpauke an. Sie steht breitbeinig, Hände in den Hüften aufgestützt, die Ellbogen nach außen. Die Mutter wertet diese Gestik als Frechheit und regt sich noch mehr auf. Doch die Mutter irrt sich: Die aufgestützten und nach außen gedrehten spitzen Ellenbogen der Tochter sollen keine Provokation sein. Sie versucht damit vielmehr den Angriff abzuwehren, sich zu schützen. Daß sie sich in der Situation unwohl fühlt, zeigt auch der gesenkte Kopf.

Schließlich läßt Anna ihre Arme nach unten fallen – eine typische Geste für Resignation, manchmal auch für Enttäuschung. Sie geht in ihr Zimmer, räumt aber nicht auf. Wie so oft in letzter Zeit, hat die Standpauke nichts gebracht. Kein Wunder, denn das Chaos, das viele Jugendliche in ihrer Umgebung verbreiten, ist meist ein Ausdruck für das Chaos, das in ihrem Inneren herrscht. Sie können gar keine Ordnung schaffen. Eltern tun sich leichter, wenn sie das wissen und – zumindest vorübergehend – einfach nicht hinsehen. Das eigene Zimmer ist für die Halbwüchsigen Rückzugsgebiet und Ort der Geborgenheit. Sie fühlen sich darin nur in ihrer eigenen »Ordnung« wohl, auch wenn dies für Eltern kaum nachzuvollziehen ist.

Eine andere typische Geste wird in diesem Alter von Erwachsenen ebenfalls häufig falsch interpretiert: Die vor der Brust verschränkten Arme fassen viele als Zeichen von Widerstand oder Abwehr auf. Es können aber ganz andere Signale dahinterstecken. Zum Beispiel eine Verteidigungshaltung. »Ich bin doch gar nicht so schlimm, hacke bitte nicht so viel auf mir herum«, kann es heißen, wenn das Kind gleichzeitig den Kopf gesenkt, das Kinn hängen und die Schultern hochgezogen hat. Vielleicht ist es aber auch nur ein Zeichen von Aufmerksamkeit: Dann wirkt der Körper nicht eingesunken, sondern der Kopf ist erhoben, der Blick offen. Mit den verschränkten Armen hält sich der Jugendliche symbolisch selbst zurück. Er hört zu, und erst wenn er selbst an der Reihe ist, wird er seine Arme lösen und etwas sagen oder tun.

Auch die am Rücken oder vor dem Bauch verknoteten Hände heißen: Ich warte ab, ich ziehe mich zurück, ich möchte nichts tun, auch nicht, wenn es von mir erwartet wird. Jugendliche wirken oft in ihrem ganzen Körperausdruck gehemmt, linkisch, unbeholfen, verschlossen. Das liegt vor allem an der Gestik von Armen und Händen. Die Oberarme sind eng an den Körper angelegt, Unterarme und Hände können nur kleine, abgehackte Bewegungen ausführen. Ein Zeichen dafür, daß sie nichts rauslassen wollen oder können, daß sie in ihren eigenen Widersprüchen und in den Widersprüchen mit ihrer Umwelt total verstrickt sind.

Doch auch in diesen zurückgenommenen Gesten ist eine gewisse Offenheit und Gesprächsbereitschaft zu erkennen, wenn man genau hinsieht. Sind die Handflächen offen und nach oben gestreckt, heißt das immer: »Ich bin bereit, mit dir zu reden, ich habe Vertrauen zu dir und möchte dieses Vertrauen nicht enttäuschen.« Aber auch die umgedrehte Hand, mit dem Handrücken nach oben, muß nicht negativ sein. Sie signalisiert bei Jugendlichen meist die eigene Unsicherheit, die Angst, verletzt zu werden oder zuviel von sich preiszugeben. Freilich ist es nicht einfach, mit ihnen zu reden. Doch wer diese sparsame, scheinbar abwehrende Gestik richtig zu deuten weiß, kann sich behutsam an den jungen Gesprächspartner herantasten, muß nicht aggressiv auf ihn reagieren.

Unsicherheit und den ständigen Kampf, nicht zuviel der eigenen Gefühle zu zeigen (aus Angst, verletzt zu werden), drücken auch Gesten aus, die auf Eltern oft als schlechtes Benehmen wirken: Die

Hände liegen während des Gesprächs fest auf dem Tisch; oder die Finger krallen sich in der Sessellehne oder auf den eigenen Oberschenkeln ein oder bleiben völlig unterm Tisch verborgen. Der Vorwurf, »wie sitzt du denn wieder da«, dürfte die Gestik eher verstärken als mildern.

Abgrenzung

Schulfest: Ralphs Mutter steht vor dem Spiegel und macht sich die Haare zurecht. Sie hat ein buntgeblümtes Sommerkleid und rote Stöckelschuhe an. Der 14-jährige kommt herein, stellt sich hinter sie und sagt: »Du willst doch nicht in diesem Kleid zu unserem Schulfest gehen?« Die Mutter: »Warum denn nicht?« Ralph: »Das ist doch viel zu jugendlich, es sieht ja fast lächerlich aus. Und überhaupt, diese Schuhe! Du bist doch keine siebzehn mehr.« Die Mutter, schon etwas gereizt: »Und was soll ich deiner Meinung nach anziehen? Vielleicht in Sack und Asche laufen und so tun als wäre ich hundert?« Der Sohn: »Du hast doch ein dunkelblaues Kostüm! Wenn du in diesem Kleid und diesen Schuhen gehst, komme ich nicht mit. Ich will mich nicht vor meinen Freunden blamieren.«

Die Mutter ist geschockt, wütend und verletzt. Was bildet sich dieser Knirps eigentlich ein? Was ist bloß los mit ihm? Gestern noch erklärte er, sie wäre die beste Mutter der Welt – und heute so was!

Der schwere Abschied von der Kindheit bedeutet für den Jugendlichen auch, sich von seinen Eltern abzugrenzen. Nichts anderes versucht Ralph mit seinem merkwürdigen Verhalten. Dieser Wunsch und das Bemühen darum, einen eigenen Weg in die Welt der Erwachsenen zu finden, ist häufig mit heftiger Kritik an den Eltern verbunden. Entweder gebärden sie sich in den Augen der Kinder zu jugendlich oder zu konservativ; sind sie zu dick («Manfreds Mutter hat eine viel bessere Figur als du«) oder zu schlecht gekleidet («Warum ziehst du nicht mal einen Anzug an, wie Roberts Vater?«); haben sie zu viel oder zu wenig Statussymbole («Mit unserem alten Golf können wir keinen Staat machen«; »du willst ja mit dem Mercedes nur protzen, das ist schon peinlich«). Sie rebellieren, stellen alles in Frage, was bisher gut und selbstverständlich war, vergleichen dauernd mit anderen, finden kaum etwas wirklich in Ordnung, was die eigenen Eltern sind oder darstellen.

So kränkend diese Phase für Mütter und Väter auch immer wieder ist: Sie sollten versuchen, darüber hinwegzuhören, sich nicht provozieren lassen. Und vor allem nicht versuchen, der Kumpel oder die beste Freundin für ihr Kind zu sein.

Pubertierende brauchen in ihren Eltern keine Kumpel oder beste Freundinnen. Die haben sie in ihrer Altersgruppe. Was die Teenies brauchen, sind Eltern, die damit umgehen können, daß sie zu einer anderen Generation gehören. Die Kinder müssen sich gegen Vater und Mutter abgrenzen. Sie müssen rebellieren, provozieren, Widerstand leisten, um ihren eigenen Weg finden zu können. Doch dazu brauchen Sie auch Eltern, die ihnen diesen Widerstand bieten und ihnen diese Möglichkeit geben – die sich ihrerseits von der Kindergeneration abgrenzen.

Eine Mutter, die sich zu flott kleidet, womöglich in dieselben Discos und Cafés geht, wie die Tochter, läßt ihr Kind ebenso ins Leere laufen, wie ein Vater, der sich die Teenie-Sprüche aneignet, seinen Sohn mit »ey, echt cool Alter, ey« begrüßt.

Eltern fällt es oft besonders schwer zu akzeptieren, daß sie eine Generation weiter nach oben rutschen, daß sie es nun bald sind, die zu den »Alten« gehören, daß womöglich nur noch ein paar Jahre vergehen, bis sie Großeltern sind.

Tatsächlich führen Kinder in der Adoleszenz ihren Eltern das eigene Alter, ihre eigene Vergänglichkeit täglich vor Augen. Es ist nicht einfach, sich damit auseinanderzusetzen und zu erkennen, daß da eine Generation heranwächst, die einen ablösen wird. Die schneller, sportlich aktiver, fitter – auf jeden Fall jünger ist. Auch wenn man's nicht zugeben will: Die eigenen Kinder können zur gefährlichen Konkurrenz werden. Ihre Jugend macht sie attraktiver fürs andere Geschlecht. Ihre Jugend hält ihnen alle Türen des Lebens offen (zumindest scheinbar, in der Realität sieht es oft ganz anders aus). Es ist nicht einfach für einen Vater, sich im Tennis vom halbwüchsigen Sohn besiegen zu lassen (auch wenn gleichzeitig ein wenig Stolz dabei ist, daß der Nachwuchs sich so toll entwickelt). Und es ist schwer für eine Mutter, wenn der Tochter plötzlich die Sachen passen und auch noch gut stehen, die ihr selbst zu eng geworden sind.

Weil die Abgrenzung der Kinder so widersprüchlich und wechselhaft verläuft, ist es auch für Eltern nicht einfach, sie zu vollziehen.

Denn auf der einen Seite nicht zu kumpelhaft sein, heißt eben nicht, auf der anderen Seite autoritär oder verständnislos oder wirklich altmodisch zu sein. Die Kinder brauchen das Interesse, die Liebe und die Zuwendung der Eltern. Mit Konkurrenz (zu großer Kumpelhaftigkeit), Vorschriften, Ablehnung und permanentem Ärger können sie wenig anfangen.

Die erste Liebe

Pubertät ist die Zeit der großen Schwärmerei. Mädchen schwärmen für ihre Lehrer oder für unerreichbare Schauspieler. Sie verbringen halbe Tage mit Träumereien über ihr Idol, sehen sich im weißen Kleid, von einem Prinzen entführt. Jungen schwärmen natürlich genauso. Sie phantasieren sich Situationen, in denen sie schön, reich, mächtig sind und das Objekt ihrer Träume auf Händen tragen. Die Schwärmerei soll von den Erwachsenen möglichst nicht entdeckt werden, schon gar nicht belächelt und etwa verspottet. Das verletzt sie zutiefst und kann sie in tagelange Depressionen stürzen.

In der zweiten Schwärmphase werden die heimlich Angebeteten dann schon realer: Ein Mädchen aus der nächsthöheren Klasse etwa oder eines, das man gar nicht kennt, aber auf dem Schulweg regelmäßig trifft. Ein Junge, der schon in der Berufsausbildung ist (wie erwachsen!) oder den man in den Ferien am Strand getroffen hat. Wie schrecklich, wenn sich herausstellt, daß diese Wunschpartner nicht das geringste Interesse an einem haben.

Pubertierende schwärmen häufig auch fürs eigene Geschlecht. Jungen lieben ihren besten Freund plötzlich abgöttisch, Mädchen ihre beste Freundin. Das ist ein völlig normaler Entwicklungsschritt, der Eltern nicht beunruhigen muß. Auch wenn die beiden Hand in Hand gehen oder sich öfter mal liebevoll umarmen.

Mit der körperlichen Veränderung und der massenhaften Ausschüttung von Sexualhormonen verspüren Pubertierende ihre ersten tiefen Liebes- bzw. Verliebtheitsgefühle auch körperlich. Das ist prickelnd und schön. Aber auch höchst verwirrend und angstauslösend.

Weil die Stimmung ohnehin ständig zwischen himmelhoch jauchzend und zu Tode betrübt schwankt, ist es nicht verwunderlich, wenn die Kids jetzt auch unter schwersten Liebesschmerzen zu leiden haben. Eltern, die mit ihren Kindern im Gespräch geblieben sind, kennen das: Völlig in sich zusammengesunken, kommen Sohn oder Tochter nach Hause, schließen sich im Zimmer ein, weinen bittere Tränen, scheinen durch nichts zu trösten zu sein. Entweder haben sie gemerkt, daß ein angebeteter Schwarm einfach nicht zu erreichen ist, oder ein reales Liebesobjekt hat sie einfach abfahren lassen oder ist

– noch viel schlimmer – mit einem Konkurrenten, einer Konkurrentin abgezogen.

Natürlich können Eltern ihrem Kind in seinem Schmerz überhaupt nicht helfen. Sie können nur da sein, als Puffer dienen. Denn alles, was sie jetzt sagen, ist garantiert falsch. Eigene Erlebnisse helfen dem liebeskranken Kind keinen Millimeter weiter. »Bei mir ist alles ganz anders. Du verstehst wirklich überhaupt nichts davon. Ich bleibe bestimmt mein ganzes Leben lang so unglücklich wie jetzt.« Gott sei Dank dauert dieses Unglück meist nur so lange, bis ein neuer Schwarm auf der Bildfläche aufgetaucht ist. Und das ist in diesem Alter meist nur wenige Tage später.

Sobald der Sohn oder die Tochter sich dazu anschickt, mehr mit dem anderen Geschlecht als mit dem eigenen auszugehen, machen sich Eltern Gedanken: Hat er/sie schon oder hat er/sie noch nicht? Es muß nicht sein, daß Eltern darüber wirklich Bescheid wissen. Wenn die Kinder es nicht wollen, werden sie es ohnehin nicht erfahren. Und sie können es auch weder verhindern noch hinauszögern. Ausgehverbote, strikte Heimkommregeln etc. werden verliebte Jugendliche von nichts abhalten. Ebensowenig wie das Verbot für Mädchen, sich die Pille verschreiben zu lassen (was leider viele Mütter von ihren Töchtern verlangen) oder für den Jungen, sich Kondome zu besorgen. Außerdem: Das Kind braucht jetzt mehr denn je seine Intimsphäre, die von den Eltern unbedingt respektiert werden sollte. Vertrauen (auch in die eigene Erziehungskompetenz) ist tausendmal besser als Kontrolle (die nicht mehr lückenlos funktionieren kann).

Wichtig für Mütter und Väter ist lediglich, daß sie rechtzeitig mit ihrem Nachwuchs über Verhütung gesprochen haben. Eine offene Atmosphäre in der Familie, in der auch Sexualität kein Tabu ist, garantiert viel eher, daß sich keine unliebsamen Überraschungen ereignen, als eine autoritäre.

Bringen es Eltern nicht übers Herz (und über die Lippen), ihre Kinder über Verhütung aufzuklären, sollten sie ihnen wenigstens entsprechende Broschüren zum Selbstlesen (etwa von Pro Familia Beratungsstellen) zur Verfügung stellen.

In Diskussionen mit Jugendlichen stellt sich immer wieder heraus, daß sie sich gerade in Liebesdingen von den Eltern oft schrecklich mißverstanden fühlen. Die denken immer nur »an das eine«, sind mißtrauisch, grob, einseitig, wahrscheinlich sogar ein bißchen neidisch. Die Jugendlichen selbst, so haben Befragungen und Beobachtungen von Fachleuten gezeigt, sehen die Liebe meist viel differenzierter. Sie wollen träumen, romantisch sein, zärtlich und gefühlvoll. Sie möchten sich lieber langsam ans andere Geschlecht annähern, vorsichtig und aufmerksam miteinander umgehen. Reiner Sex steht häufig gar nicht im Mittelpunkt. Schmusen, Händchenhalten, sich gegenseitig streicheln. Der 16-jährige Tom, seit drei Monaten »fest« mit Cornelia, ebenfalls 16, verbandelt, fragte eines Tages seine Mutter: »Ich lese immer in den Zeitschriften von 15- und 16-jährigen, die Sex haben. Bin ich nicht normal, wenn ich das jetzt noch nicht möchte?«

Literaturhinweise

Marianne Arlt: *Pubertät ist, wenn die Eltern schwierig werden*, Herder Verlag

Vera F. Birkenbihl, *Signale des Körpers*, MVG Verlag

T. Berry Brazelton: *Mein Kind verstehen*, Piper Verlag

Ulrich Diekmeyer, *Das Elternbuch*, Band 1 bis 6, Rororo

Helga Gürtler: *Kinder brauchen feste Regeln*, Südwest Verlag

Norbert Jung, Monika Haas: *Welche Signale sendet der andere?*, Südwest Verlag

Remo Largo: *Babyjahre*, Carlsen Verlag

Samy Molcho: *Körpersprache*, Mosaik Verlag

Samy Molcho: *Körpersprache der Kinder*, Mosaik Verlag

Hans-Dieter Schmidt, Burkhard Schneeweiß: *Schritt um Schritt*, Gustav Fischer Verlag

Sylvia Schneider, Birgit Rieger: *Das Aufklärungsbuch*, Ravensburger

Katharina Zimmer: *Versteh mich doch bitte*, Kösel Verlag

Register